内なるものと外なるものを

多文化時代の日本社会

賀来 弓月 著

日本経済評論社

はしがき

本書は多文化主義あるいは多文化共生について考えるときに必要な基本的な思考の枠組みと言語を提供し、欧米諸国の経験からわが国として学ぶべき教訓を示す試みとして書かれたものである。

序論である第1章（「国際社会と多文化主義——グローバル化時代にはびこる多文化的な主張」）は、国際社会というものが古代から常に一つの特定の文明に裏打ちされてきたこと、そのような性格をもつ国際社会の「内なるもの」は戦略的経済的な関係をもっていても、違った文明に属する「外なるもの」を価値観を共有できない「他者」として排除しながら、他者に対しては別のルールを適用してきたこと、キリスト教西洋文明が支配してきた近代的国際社会が第二次世界大戦前後の反植民地主義の流れのなかで多文明的な国際社会に変容しはじめ、グローバル化時代の現在の国際社会では文化の多様性自体が価値あるものとされ、各国の文化的な自己主張がはびこる多文化主義的な「地球社会」が誕生しつつあることを指摘する。

皮肉なことに多くの国民国家が国際社会で自己の文化とアイデンティティーを主張する一方で、国内では国民国家成立以前から存在した原初的なコミュニティー集団あるいは新しい移民集団である文化的、民族的、宗教的、言語的少数者集団からの多様性の自己主張（多文化主義）にさらされている。原初的なコミュニティー集団あるいは少数者集団のそのような自己主張は各国において近代的な国民国家が形成されたときの形成原理が重大な挑戦にさらされていることを意味する。国民国家の内部の多文化主義は明らかに第二次世界大戦前後の反植民地主義の流れに影響されている。同時に国民国家が国内の少数者集団に対して伝統的に行ってきた内国植民地支配が破綻し始めていることを意味する。

第2章（「国民国家と多文化主義——国民国家の構築原理の変容」）は、近代的な国民国家が「文化的に無色で平等な市民」を構成員とする政治コミュニティーとして誕生したこと、そこでは国民国家成立以前からの原初的なコミュニティーとそのメンバーの民族的、文化的、言語的、宗教的な違いというものが無視（止揚）され、それらの違いを乗り越えた次元で新たな「平等な近代的市民」、新たな「共通の言語」、「共通の国民文化」、「共通の国民的アイデンティティー」を形成することが国民国家の大義名分と任務になったこと、国民国家のこうした発展過程において強力な文化的同質化の力が働いたこと、しかし、「共通なもの」として打ち出されたのは、実際には国家を支配した多数者集団の文化が普遍的なものとしてその他の少数者集団に対して強制されることが多かったことを指摘する。その結果、国民国家のなかで少数者集団と彼らの文化は生きる空間を狭められ、周辺化され、差別され、衰退を余儀なくされたのである。

最近の多文化主義の要求は支配的な文化（主流の文化である国民文化）への同化と吸収を拒否する国民国家のなかの少数者集団の文化的な自己主張である。その意味において、多文化主義は近代的な国民国家の形成原理自体を問題にするのである。少数者集団は市民社会のなかだけでなく、公の空間でも彼らの独自の文化とアイデンティティーが承認され、その表現が奨励されることを要求するのである。この章では、「国民国家」、「文化」、「アイデンティティー」、「少数者集団」、「多数者集団」、「自己と他者の対立の意識構造」、「異文化に対する烙印」、「集団的記憶」をキーワードにしながら、多文化主義を考えるときの理論的な思考の枠組みを明らかにする。

第3章（「多文化主義をめぐる欧米諸国の苦悩――米、加、豪、英、独、仏のケース」）は、英、米、仏、独、加、豪の多文化主義をめぐる歴史的な展開を概観する。その過程で各国の多文化主義というものが各国の建国の論理（イデオロギー）と歴史の過程で生まれた固有の問題に対処しようとする努力であることを明らかにしたい。世界に同じ国民国家というものは二つとない。各国民国家は歴史も国内の少数者集団の性格も違う。その視点からは、多文化主義は各国の固有の歴史的文脈のなかで考えることが必要である。多文化主義は現在と将来の多文化的な平和と共生のために各国民国家が過去（少数者集団に対する過去の不正義と差別と抑圧）に対決する用意があるかどうかを問題にするのである。多生きた現実の多文化主義は単純な未来志向の理想やイデオロギーやレトリックではないのである。多文化主義は国家と社会と国民が過去の罪の償いをせずに未来だけを語ることを許さない厳しい面をもっている。

最終章の第4章（「結び――日本型モデルの摸索――同質性神話と民族国家哲学を放棄するとき」）では、わが国にも多文化主義の視点から対処すべき過去があること、グローバル化という現代の世界の大きな潮流のなかで固有の民族の血と文化の要素を重視しすぎる日本の国民国家の哲学というものが内外の挑戦に直面していることを指摘する。

目次　内なるものと外なるものを――多文化時代の日本社会

はしがき

第1章　国際社会と多文化主義――グローバル化時代にはびこる多文化的な自己主張 …… 1
1　『歴史の終焉』と『文明の衝突』 …… 1
2　グローバル化に抵抗する力――土着の社会と文化とアイデンティティー …… 3
　市場の力と文化の力のせめぎあい　3
　宗教的原理主義の台頭とカルトの繁茂　6
3　国際社会の文明的変容 …… 10
　西洋文明支配の終焉　10
　価値観の多様化　14

第2章　国民国家と多文化主義――国民国家の構築原理の変容 …… 17
1　はじめに …… 17
2　多文化主義は誰のため――少数者集団を保護するため …… 19
3　文化とは何か …… 21
　文明との違い　21

単数形の文化と複数形の諸文化　23
遺伝子決定論と文化決定論　25
文化は生き物――文化の自己変容能力　30
4　三位一体の文化とコミュニティーとアイデンティティー……31
文化はすなわちコミュニティー　31
アイデンティティーとは何か　32
アイデンティティー危機が起きるとき　40
自己と他者の対立の構図――烙印行為と集団的記憶の役割　44
5　挑戦を受ける近代国民国家構築原理――文化と国民の同質化への反動……53
ヨーロッパ近代国民国家の形成過程　53
日本のモデル　61
第二次大戦後に誕生した第三世界の国民国家の形成過程　64
移民と国民国家　67
国民文化とナショナリズム　70
宗教とナショナリズム　74
6　多数者集団と少数者集団の対立の論理と構図……76
はじめに　76
多数者集団、少数者集団とは何か　78
多数者集団と少数者集団の地位の相対性　81
少数者集団の国際的保護　83

7 なぜ多文化主義が必要か――正当化の議論……89
はじめに 89
多様性の議論 91
アイデンティティー形成の議論 94
集団的不利救済の議論 96

第3章 多文化主義をめぐる欧米諸国の苦悩――米、加、豪、英、独、仏のケース……99
1 はじめに……99
2 米国の多文化主義――過去の罪の償い……104
白人主義と決別した普遍主義の移民政策 104
人種的ルツボ神話の放棄 110
逆差別措置―過去の償いの議論から多様性の議論へ 113
教育における多文化主義 118
3 カナダの多文化主義――ケベック州の格下げ?……119
4 豪州の多文化主義――自画像を変える試み……123
第一期(一九〇一~六〇年代中頃)――同化主義の時代 124
第二期(一九六〇~七二年)――統合主義の時代 125
第三期(一九七二年以降)――多文化主義の時代 126
5 英国の多文化主義――人種差別禁止対策中心指向……131
大英帝国臣民権を白人化する移民政策 131

人種関係の管理――移民統合政策の基本 135
人種関係立法 136
英国の多文化主義の源泉 138

6 ドイツの多文化主義――ドイツ民族国家哲学の修正……143
過去との決別 143
移民国でないドイツに流入した大量の移民 145
泥縄式の外国人政策形成過程 147
外国人の味方――ドイツ憲法裁判所と外国人ロビー 149
伝統的な国民の意味を変える――外国人をドイツ市民にする 150

7 フランスの多文化主義――挑戦を受ける同化主義……156
伝統的な同化主義の三つの道具 156
有色人種をフランス人にできない同化主義 158

第4章 結び――日本型モデルの摸索――同質性神話と民族国家哲学を放棄するとき……163

はじめに……163
「純粋な日本民族と日本文化」の嘘 168
伝統的日本社会の活力の限界 169
社会の劣化――外国人統合政策の失敗の結果とみる 171
日本を「多文化社会」化する要因――危機的な人口動態 174
単純労働者の正式な導入と移民の正式な受け入れを検討するとき 175

多様性の活力を活かす　181
外国人の地方公務員任用と地方参政権付与——外国人をもっと簡単に日本国民にする道の選択　188
結び——日本型モデルのための教訓　194
あとがき　203
参考文献　210

第1章　国際社会と多文化主義
グローバル化時代にはびこる多文化的な自己主張

1　『歴史の終焉』と『文明の衝突』

近代以降の国際関係の歴史は国際社会のなかで競争する国民国家が絶え間ない戦争を繰り返してきた歴史といっても過言ではない。戦争の歴史は競合する国民国家がお互いの力と意図を誤認識する歴史でもある。グローバル化時代の情報通信革命と運輸革命は地球社会の時間と距離を短縮している。世界の異なった地域と国民国家に属する人々の間の地球規模の越境と交渉が容易になっている。国家間の経済格差と労働力受給のアンバランスが国際的な人の移動を激しくしている。情報通信革命と運輸革命と教育の普及は、世界の人々の情報の量と質の改善をもたらし、人々の分析力と判断力を向上させている。人々が世界的な規模で一日二四時間、国境を越えてお互いに連絡し、連帯し、結集し、決起することも可能になっている。しかし、グローバル化が文化の違いを超えるような世界の人々の間の相互理解と平和を保障しているとはいえない。

一九八〇年代末期にソ連が崩壊し、冷戦が終焉した。その前後の時代に国際的に大きな議論を呼んだ二つの論文がある。一つは米国国務省政策企画部のスタッフだったフランシス・フクヤマが『ナショナル・インタレスト』誌の八九年夏期号に発表した「歴史の終焉」と題する論文である。もう一つは『フォーリン・アフェアーズ』誌の九三年夏期号に掲載されたハーバード大学のサミュエル・ハンティントン教授の「文明の衝突」である。フランシス・フクヤマは「リベラル・デモクラシーは先ず最初に世襲制王政、次いでファッシズム、最近では共産主義のイデオロギーに勝利した。過去数年の間に人類の統治システムとしてのリベラル・デモクラシーの正当性についての世界的な規模のコンセンサスが生まれた。リベラル・デモクラシーは人類のイデオロギーの発展過程の最終点であり、人類統治の最終的な形態である。それは歴史の終焉を意味するかもしれない」と論じた。ハンティントン教授は「世界は西洋、儒教、日本、イスラム、ヒンズー、ラテン・アメリカ、アフリカという七つの文明圏に区分される。冷戦というイデオロギー対立の時代は終わった。今後の紛争は、異なった文明に属する国民国家とその集団の間で専ら文明の違いの線に沿って発生するだろう」と論じた。

フランシス・フクヤマはリベラル・デモクラシーと資本主義に収斂していくよう同質的な世界秩序の誕生を描いている。他方、ハンティントン教授の論文には、これまで普遍的なものとされてきた西洋的な価値観が非西洋文明の重大な挑戦を受けていることに危機感を感じるような悲観主義が滲んでいる。フランシス・フクヤマの描く世界はどちらかというと色彩感の乏しいものである。というのは、リベラル・デモクラシーの支配する公の空間では、人々は無色で平等な市民であるからである。色彩豊かなものである民族、文化、コミュニティーの違いは重要視されない。そこは本来の色彩豊かな違いを放棄して、共通の普遍性を帯びた市民が支配する空間であるからだ。

他方、文明と文化の違いが強調されるハンティントン教授の描く世界は色彩豊かである。ハンティントン教授の論文を国際社会において紛争が発生するメカニズムを解明しようとした精緻な国際政治学理論と見るのは間違いである。教授は一つの問題提起として将来の世界秩序の姿をイメージしようとしたにすぎない。この論文を執筆したときの教授の心中には、民族と文化の多様性が伝統的な米国社会を浸食していることに対する教授自身の危機感があったのである（後述）。

2　グローバル化に抵抗する力――土着の社会と文化とアイデンティティー

★　市場の力と文化の力のせめぎあい

グローバル化社会は遠心力と求心力がせめぎ合う空間である。遠心力はグローバリズムの市場原理の力である。それは土着の社会と文化を浸食しながら、世界的な同質化現象を生んでいる。同質化は異なった文明と文化の伝統をもつ世界各国の都市中間層の近年の消費生活、生活スタイル、娯楽スタイルの同一化現象に見ることができる。生産のグローバル化が消費者大衆の文化的指向を決めている。世界の異なった文化の間の越境と交渉を通じて異なった文化の間の折衷複合が行われて、一つの共通の文化が生まれているというよりも、専ら世界最大のパワーである米国の消費文化が各国の社会に対して一方方向に放射されてくる。その過程を通じて各国の土着の社会と文化が浸食されていく。

グローバル化のなかで文化までが商品化される。新情報通信技術のお陰で文化的内容物（印刷物、文学、映画、音楽、芸術公演、ビジュアル・アーツ、写真、テレビ番組など）の世界貿易は爆発的な成長をみせている。ローカルな文化のなかから盗まれた音楽が世界の視聴者に訴えるように編曲され、イージーな感じに変形される。それから「オリジナルな音楽」として音楽エンターテイメント会社によってオリジナルな国の市場に売り込まれ、現地の人間にアピールするようになる。こうしてオリジナルな文化の文脈から引き抜かれた文化表現が本物を駆逐する。

国際ニュース・メディアも圧倒的に欧米、特に米国のニュース・メディアの派生物である。インターネットもウェブサイトの世界でも英語と米国の支配が目立つ。国際文化産業の寡占化が進み、世界の人々が何を聞くべきか、何をエンジョイすべきか、どうやって余暇を過ごすべきかを決めているのである。世界各地の市場に浸透するファースト・フード産業が土着の食生活の伝統文化を浸食している。一方方向の文化貿易は文化的な地平線を拡大するどころか縮小している。

求心力は土着の社会と文化の力である。土着の社会と文化と価値観を維持しようと再ローカル化の方向に引き戻そうとする力である。遠心力は社会と文化の同質化を指向してやまない市場の力である。

市場は自由主義経済のもとで社会の絆から完全に解放されて、自己の法則によって動き、社会をその法則に服従させようとする。求心力は多様性と異質性の維持を指向するような社会の抵抗力である。自己を保存しようとしきりに抵抗する社会の反応は市場至上主義がもたらす伝統文化と価値観の破壊と人間疎外を防ごうとする必死な動きである。社会が粗暴な市場の力を飼い馴らし、文明化しようとしていると見ることもできる。異質の文化に直面したときに、自己本来の文化とアイデンティティーを主張する動きである。グローバル化のなかに生きながら、人々はナショナリズム、自己の属するコミュニティーとその文化に対する愛着心を逆に強めている。

情報化は人々の分析力と判断力を確実に向上させてはいるが、それが必然的に人々を合理主義者にしているわけではない。人々は以前にもまして自己の本来帰属する世界と自己本来の独自なものを再発見しようとしている。

プリンストン大学のリカード・ファーク教授はグローバル化を「上からのグローバル化」と「下からのグローバル化」に区別しているが、前者はフランシス・フクヤマ的な世界観に立って、世界の主要国家、多国籍企業、政治エリートが主役を演ずるグローバル化（遠心力）である。後者は世界を一つの家族的共同体と考えるような地球市民が推進している運動である。彼らが目指すのは地球環境の保護、人権保護、家父長的なタテ社会型の世界秩序への抵抗、貧困と弾圧と集団暴力の撲滅、文化と伝統と民族の多様性の尊重と調和のうえに築かれる家族的な人類共同体の建設である。

現代社会に見られる特徴はエリートのコスモポリタニズムとローカリズムの間の葛藤であろう。前者は機能面でも社会面でも文化面でもグローバル化社会と日常的に繋がっている空間に生きている現代エリートの生き方である。後者はグローバリズムの浸食力から自己の生きている空間をできるだけ守ろうとするローカル・コミュニティーの生き方である。

★ 宗教的原理主義の台頭とカルトの繁茂

宗教的原理主義の台頭は、欧米産の世俗イデオロギーの魅力が失われ、それが衰退した結果できた政治的価値観の空白を政治のなかに宗教を復興させる形で満たし、独自の社会の原点に回帰しようとする動きである。

原理主義はグローバル化以前にもあったが、現在の原理主義はグローバル化に対する反動である。原理主義は宗教の根本的な真理と戒律であるとされるものに回帰しようとする信者の保守的な態度である。原理主義という言葉はもともと米国で生まれたもので、プロテスタントのリベラル派が聖書を近代科学の研究結果に照らして批判的に再考しようとしたときにプロテスタントの保守派が始めた反対運動であった。

一八九五年にナイアガラで聖書会議を開いた保守派はキリスト教の原理主義的な五点を明確にした。それらは聖書の無謬性、キリストの神性、処女懐胎、キリストの復活、キリストの贖罪である。一九二〇年代にはプロテスタント教会は「近代主義者」と「原理主義者」の両陣営に分かれ、原理主義者は「Fundamentals」と題する小冊子を配布した。

最近では原理主義というとき、ホメイニ師の指導した一九七九年のイランのイスラム革命以降の過激な復古運動（イスラム社会をコーランの根源に立ち返らせようとする）を指す。イスラム原理主義は社会変化を否定するわけではないが、変化はあくまでもイスラム聖典コーランの価値観に基づくべきものだとされる。イスラム原理主義を支えるのは、イスラムのインテリ階級の間にあるイスラム高等文化に対する憧憬、西洋的近代化に対するイスラム僧侶階級（ウラマー）の警戒感、イスラムの下層階級の間のアイデンティティー危機（産業化と都市化による伝統的イスラム共同体の崩壊を原因とする）である。既存の社会の構造と体制が崩壊していくことの不安感と経済生活の不安が重なることによって国民はそのような運動に惹きつけられていく。

イスラム原理主義運動は崩壊していく自己の共同体を守ろうとする基本的には自己防衛的な運動であり、他者である非イスラム社会に対する闘争というよりも、イスラム社会の内部の敵（西洋化と近代化）に妥協する勢力やイスラム社会の実現を妨げている外部支持勢力に対する闘争に焦点がある（後述）。原理主義運動の特徴は、①神の名が始終口にされること、②運動を推進する便宜から、過去の歴史のなかから「聖なる伝統」が取捨選択されて、過去の歴史に存在しないような「聖なる伝統」が発明されること、③宗教と神を語りながら、目的のために手段を選ばないような過激な闘争手段が用いられること、などである。

インドのヒンズー至上主義（ヒンズー教的な社会の実現をめざすとされる）には、政治権力を掌握するためにヒンズー教とその宗教シンボルを動員するようなコミュナリズム（宗派主義）の色彩が濃厚である。この運動を担うヒンズー至上主義集団（サング・パリバー）の内部組織は一枚岩ではない。中核組織であるＲＳＳ（民族義勇団）はドイツの一九二〇年代の過激な国家ナショナリズムとファッシズムの思想的影響を強く受けている。

グローバル化時代の先進工業国の豊かな社会にも宗教（神）と自然という人間存在の原点に回帰しようとする潮流が見られる。日米欧の先進工業国では、在来宗教を離れてカルトに身を任せる人々がふえている。アルビン・トフラーは『第三の波』のなかで次のように述べている。

新しく誕生する文明のために感情的に充足できる生活と健全な心理空間をつくりだす必要がある。あらゆる個人が三つの基本的要求をもっていることを認めなければならない。コミュニティーと生存空間の構造とその意味である。第二の波の社会の崩壊によってこれらが失われた。だから、我々は将来自分たちと子孫のために健全な心理的な環境を設計することから始めなければならない。

カルトが繁茂するのは、急速な経済的社会的変化が起きているが、その変化のなかで人々を支えるような精神的変化が伴っていないからである。カルトの繁茂は変化の時代の混乱状態に対する人々の反応である。一部の社会では在来の宗教が衰退したことも背景にある。近代的工業社会に適した霊性を求める人々がふえていることもあろう。コミュニティーが崩壊し、人々が生きていくときの社会的枠組みになるアイデンティティーが失われてしまい、そのために起きている混乱が人々をカルトに誘っているとみることができる。

カルトは社会の規範を拒否して、それに代わる生活スタイルを求めるようなサブ・カルチャーである。紛争、家族不和、コミュニティーに対する不適応、無慈悲な暴力社会に対処できないと思わせるような心理状況、大人の生活から生まれる挑戦に対応できない状態が人々をカウンター・カルチャーに追いやっている。奇妙な宗派とカルトは混乱状態にある彼らの生活に欠けている家族、コミュニティー、規律と生活の構造を与えている。しかし、カウンター・カルチャーは彼らを心理的に破壊し、社会で生きていけないようなゾンビ的な存在にしてしまう。

カルト集団は次のような特徴をもっている。

第一に、カルト集団は募集と洗脳と集団離脱防止のために心理的な強制を使う。エゴ破壊、思想改革、集団に対する全面依存を達成するために高度なテクニックが使われる。

第二に、カルト集団はカリスマ的な教祖を指導者にし、彼の存在を中核に据えてエリート主義的な全体主義的社会を構成する。しかし、組織的には弱い集団であることが多い。

第三に、グループの教祖は民主主義の方法で選任されることなく、自任するのが普通である。教祖は教条的でメシア的で、カリスマ性をもつが、責任感には欠ける。

第四に、彼らは寄付を集め、メンバーを募集するとき、目的は全ての手段を正当化すると堅く信じながら、行動する。

最後に、こうして集められた富が集団のメンバーと社会一般の利益のために使われることはない。組織内では、厳格な階層秩序と規律が遵守され、彼らの信ずる正統性感覚が滋養され、絶えず告白が強要される。そして共同体的な念仏合唱を通じてメンバーの心を狭隘化する過程が強烈に押し進められる。その結果、メンバーは以前の家族関係と社会関係からも完全に切断されるのである。

3 国際社会の文明的変容

★西洋文明支配の終焉

昔から世界には国際社会、国家、国家以下の集団をはじめ多様な社会共同体があった。特定の社会共同体はいずれも独自の文化によって支えられてきた。多くの文明文化が共存する状況は今に始まったことではない。しかし、世界はなぜ急に多文明、多文化をを発見したか。なぜ、多文化主義と多文化共生が大切だといわれるようになったのか。多文化を語るとき、それを国際社会、地域国際社会、国民国家のレベルで語ることもできる。以下では国際社会のレベルでの問題を検討する。

まず、最初に国際社会とは何か。そもそも社会が成立するのは人々が一定の土地に定着して、独自の領土的基礎をもった政治共同体を形成するときである。いかなる集団も地理的に隣接しているがために、無視できないかあるいは避けることができない他の集団といかに共生していくかという問題に直面する。地理的に隣接していない場合でも、自分の集団に影響を及ぼさずにすまない遠距離の他の集団とどうやってつき合っていくかという問題に直面する。集団同士の関わり合いは戦闘的な性格のもの（競争、紛争、脅威、脅迫、干渉、侵略、征服など）を意味することも、非戦闘的な性格のもの

（対話、交渉、共同、交換、コミュニケーション、承認など）を意味することもある。

お互いに独立していて、「自己」と「他者」の意識をもつ、領土を基盤にする政治共同体の間の水平的な社会関係が国際社会の原点である。水平的な関係にある複数の国家は上位に君臨する政治共同体に服さない。それが国際社会の特徴である（ブリティッシュ・コロンビア大学R・ジャクソン教授）。オックスフォード大学の故ヘッドリー・ブル教授は「一定の共通の利害と価値観を意識する国家群が、相互の関係において共通の規範に拘束されることを意識しながら、共通の制度の運用に参加するときに、国際社会が存在する」と述べている。

そういう意味の国際社会の先駆は都市国家の繁栄した古代ギリシャ、ルネッサンス時代のイタリアに既に存在していた。ただ、この時代には国家の主権平等は完全には確立していなかった。国際社会はタテ社会的な関係の要素を多くもっていた。国際社会の発展の歴史は、教会権力が支配した中世世界（五〇〇～一五〇〇年）によって中断された。しかし、今から三五〇年ほど前に近代的な国際社会の基礎が築かれた。三〇年戦争を終結するために、一六四八年に神聖ローマ帝国、フランス、スウェーデン、神聖ローマ帝国内に新たに誕生したプロテスタント国家の間にウェストファリア条約が締結されたときである。

ウェストファリア体制が意味したのは、第一に国民国家が領土内の最高パワーであることが確認されたことである。第二に国際関係を構築する原理として、各国の主権平等の原則、各国の主権の相互承認の原則、内政不干渉の原則、自己の同意なしに国家は国際法上の義務を負わないという原則が確認された。このようにして誕生した近代国際社会はヨーロッパ文明を基礎にしたものであった。その意味では文明的に制約のある社会だった。つまり、西洋文明諸国は「自己」(ヨーロッパ)と「他者」(非ヨーロッパ)を使い分けるダブル・スタンダードの国際関係を構築したのである。

西洋文明諸国は、自分たちの間ではお互いに適用した国際社会の法と原則を非西洋には適用しようとはしなかったのである。ヨーロッパ的価値観(西洋文明)の支配する国際社会の伝統は今日に至るまで色濃く残っている。第二次世界大戦以降にアジア、アフリカ、中近東に多数の非西洋的独立国家、世界の違った文明と文化を代表する新独立国を加盟国とする国連(国際社会)が誕生した。しかし、違った文明と文化に属する多数の国家が共有意識をもてるような普遍的な価値観に全面的に支配される国際社会が誕生しているとはいえない。多くの国が独自の文明と文化を背景にして、国際社会の伝統的な規範と価値観(ヨーロッパ的な規範と価値観)に挑戦しながら、自己主張を強めているのが今日の国際社会の姿である。

過去国際社会を律してきたのは、明示の規則と制度、および一定の不文律に属する行動の規範と価値観と「物事の前提」だった。国際社会のメンバーはこれらのものをその社会を支配している共通の文明から引き出してきた。不文律に属する行動の規範なり、価値観なり、「物事の前提」は他の文明に属している者が理解したり、実践するのは期待できないと考えられたのである。このような不文律に属したものに支えられた絆は一八、一九世紀のヨーロッパでは当然なものとして考えられた。だから、ヨーロッパ国際社会の「物事の前提」と慣行は、国家の構成する国際社会の文明的、文化的限界を見せつける。

歴史上、ヨーロッパ諸国の戦略的、経済的関係のネットワークのなかでオットマン帝国は常に重要な役割を果たしてきた。しかし、ヨーロッパ国家の国際システムはラテン・キリスト教の座標軸のなかでしか機能しなかった。ヨーロッパ諸国はオットマン帝国との関係を規律するために別の規範と制度をつくりだした。それは性格において屈辱的なものだった。一九世紀になるとヨーロッパの文明的な基準はアメリカ大陸と大洋州の移住者国家にも適用されるようになった。しかし、高度に発達した文明から原始的な社会までを含むアジアとアフリカに適用されることはなかった。近代ヨーロッパの国際社会に似た性格をもっていた古代ギリシャのポリス国家で構成された国際社会もヘレニズム文明に支えられていたという点では同じだった。ペルシャはギリシャ都市国家の国際社会のなかで常に大きな役割を果たしたが、ペルシャはギリシャ的国際社会から排除された他者であった。

一九世紀末二〇世紀初頭にアジアの列強としてヨーロッパ国際システムに参入してパワー・ゲームを展開し始めた日本もオットマン帝国と同じように、ヨーロッパ国際社会の「他者」としていつも差別と排除と仲間外れを感じさせられた。欧米列強に無理矢理に結ばされた屈辱的な不平等条約の桎梏から解放されようとあがきながら、日本も欧米並に文明開化されていることを印象づけるために鹿鳴館時代を演出したのは悲壮な歴史ドラマであった。第一次世界大戦の戦後処理を審議するために開かれたベルサイユ会議で日本が人種平等条約案を提案した背後には、当時の国際社会において「排除」と「差別」を感じてきた日本の鬱積した悔しさという個人的な体験もあったことも確かであろう。一九八〇年代末に米国を中心に一時台頭した「日本異質論」は、日本との間に濃密な安全保障上のあるいは経済的な戦略関係を結びながらも、日本を国際社会における他者的な存在とみるような欧米中心指向の世界観をのぞかせたものである。

違った政治共同体の間の接触がふえると、その間の関係を規律する規則と制度がつくられるが、それを超える価値観と前提が共有されるようなもっと親しい関係の社会はいつも特定の共通の文明の枠組みのなかでしか発達しなかった。そのような価値観と前提の一部を特定の共通文明の枠外にいる「他者」が採用しても事態は変わらず、親しい関係の社会に招き入れられることはなかった（バージニア大学アダム・ワットソン教授）。そのような国際社会の基本的な性格は今日も変わっていないといえるだろう。どこの社会もいつも支配的な文化に裏打ちされているからである。

基本的人権の保障が現在のグローバル化国際社会の共通の規範だという意見が支配的である。しかし、人権の概念については国家と社会の利益と価値観との関係において国家間に争いがある。欧米の圧力に対して東アジア諸国が「アジア的価値観」（Asian Values）を盾にとって抵抗する。しかし、そのような議論を展開する東アジアの指導者がアジア的価値観が具体的に何を意味するのかを明らかにすることはほとんどない。基本的に現在の国際社会の規則、制度、規範、価値観はヨーロッパ国際社会（ウェストファリア体制）から継承したものだ。皮肉なのは、伝統的にウェストファリア体制の擁護者だった欧米諸国が伝統的な規範と価値観の一部、特に国家主権の原則と内政不干渉の原則を基本的人権擁護のために解釈し直そうとしているのに対して、開発途上国が旧弊なウェストファリア体制の原則に必死になって固執していることである。

★ 価値観の多様化

国際社会の歴史上、現在のグローバル化国際社会は価値観の多様性という面で前例がない。それが意味するのは、第一にグローバル化国際社会が世界の主要な文明と文化を超越するような共通の文明的裏づけを完全にはもっていないことである。過去のヨーロッパ国際社会を支えていたようなキリスト教西洋文明に匹敵するような文化的な支えがない。自由市場、人権、自由民主主義、法の支配を現在のグローバル化国際社会の価値観と規範だといえるだろうか。先進工業国はそうだという。しかし、東アジアの多くの諸国とイスラム諸国の多くはこれらの価値観と規範を全面的には受け入れる気はない。社会主義を放棄した旧ソ連、東欧諸国がこれらを完全に取り戻したとはいえない。グローバル化国際社会の価値観と規範は社会の全員とはいわないまでも多数派の利害に一致しないと支持されない。

それが可能になるのは、それらの価値観と規範が特定の文明と文化から切り離されたときであろう。そういう性格の規範なり、価値観の萌芽は国連憲章あるいは国連システムがこれまでに作成してきた条約、宣言のなかにある程度はあるかもしれない。しかし、それだけでは十分ではない。というのは過去、グローバル化と同時に進行してきた地域主義は文化と価値観の面ではグローバル化国際社会を細分化の方向に引っ張っているからである。その意味では、地域主義を内包するグローバ化国際社会の規範と価値観は文化的複数主義（プルーラリズム）を基礎に考えざるをえないのかもしれない。

それにもかかわらず、現在の国際社会は組織の面でも規範の面でも地球社会という性格のものに向かって発展していると思わせるところもある。そうだとすれば、そのような地球社会は価値観と規範の多様性を超える次元において一定の普遍的なものを必要としている。ところが、文明と文化の多様性に富む現在のグローバル化国際社会に生きる主権国家の自己主張が強く、何が共有される価値観であり、何が共有される規範であるかをめぐって対立があり、その意味では現在のグローバル政治は過去に前例のない困難なガバーナンスの問題を抱えているといってよい。

問題をもっと複雑にしているのは、現在のグローバル化国際社会の多数者集団を形成している開発途上国の集団的記憶である。これらの国は過去、帝国主義国家に植民地化され、政治的主権と富と資源を収奪されている。他者による支配の過程は常に文化的な収奪を伴った。植民地支配の時代に植民地の土着のエリートは宗主国の教育を受けたが、そのような教育は土着の文化的色彩を欠く、「文明開化」の過程だった。彼らの固有の文化が無視され、軽蔑されるのを見ながら、土着のエリートは人間的尊厳に対する強烈な侮辱を感じたに違いない。

帝国主義国家の支配的な文化は被支配者集団とその文化に対して短絡的な烙印を押し、それを劣等視した。自己の文化を普遍的なものとして被支配者集団に押しつける支配者の抑圧は被支配者集団の自信喪失と劣等感を生み、被支配者集団に自己独自の文明文化を尊敬する気持ちを失わせ、支配的な文化に吸収されていく同質化現象を促したのである。現在のグローバル化国際社会の強い多文化主義的な主張の背後には、植民地時代の文化的帝国主義と文化的同質化を繰り返されたくないという多くの開発途上国の強烈な反発が反映しているのである。

第2章　国民国家と多文化主義
国民国家の構築原理の変容

1　はじめに

前章では現代の国際社会で台頭している多文化主義に焦点を当てたが、国民国家のなかで多文化主義が問題にされるときの意味合いは違う。二つの社会の構造が違うからである。つまり、国際社会は原則として平等な主権国家が並列しているヨコ構造をもっているのに対して、政治共同体としての国民国家は領土内に共存する社会共同体（コミュニティー）の上に君臨する上位の権力をいだくタテ構造をもっている。

単一の政治共同体として誕生した国民国家の領土のなかには、国民国家が成立する以前からの複数の社会共同体が残存しているのが普通である。これらの社会共同体と国民国家の間の関係、複数の社会共同体同士の間の関係をどう規律するかが国民国家の重要な課題であった。移民国家の場合には、国家と移民集団の関係、移民集団同士の間の関係が問題になる。伝統的な移民国家でない非移民国家の場合にも、移民化した外国人労働者のコミュニティー（ゲットー）が成立している。グローバル化時代の運輸革命は多様な文明と文化を背景にする個人の自由な越境を可能にしているから、多くの国民国家のなかには多文化社会が成立している。そういう社会には多様性の活力がある一方、国家的統一と国民的連帯を弱体化させる遠心力も働き、国家と社会の内部は一種の緊張関係に絶えずさらされる。

国民国家のなかで多文化主義が論じられるときには、国民国家の構造に焦点が移る。そこでは国民国家の構想を練り、市民権を決定するときに、宗教や言語や文化がどのような役割をもつかが問題になる。樹立されたばかりの国民国家を支えるときに排他的な民族的ナショナリズムのイデオロギーに頼るのか、それとも内包的な複合ナショナリズムに頼るかの問題もある。多文化主義は排他的な民族的ナショナリズムに抵抗する。多文化主義は、国民国家は領土内の多様な文化集団に十分な生存空間を与えるべきだと考える。

つまり、多文化主義は多数者集団（マジョリティー）の文化だけを支持し、その言語だけを公用語にし、その祭日だけを休日とし、その歴史だけを教えること、を否定し、社会の支配的な文化集団だけの生き残りと福祉増進を目的にするような国民国家の生き方を認めない。多文化主義を論じるときには、少数者集団（マイノリティー）をどう処遇するかが問われるのである。少数者集団が政治のなかで特別の代表権を享受すべきか、衰退の運命にある小さな文化を国庫補助によって支援するかどうか、少数者集団に対する特別措置を正当化するときに理由づけをどうするかなどである。

多文化主義の問題は移民社会に典型的に現れる。移民国家の場合、その展開は次のような歴史的変遷をたどるであろう。まず、先住民を排除従属させた最初の移民集団をはじめとする全ての集団が移民とみなされる。時が経つと国家は中立性を強めていき、最初に宗教的な寛容、政教分離が強調される。次に国家のシンボルを最初の移民集団（社会の支配的集団）の歴史と文化から解放していく。しかし、現実の移民国家の歴史はそのような解放が完全な形では行われないことを教える。建前として、各移民集団の文化は国家援助なしに生き延びていくことを期待される。国家は独自の歴史を祝い、寛容と中立と相互尊重の価値観を鼓舞することを期待される。国家が特定の移民集団の価値観を奨励することを禁止される。しかし、現実の歴史のシナリオは最初の移民集団が国家を支配し、その文化が国家の支配的な文化になる傾向を証明する。

2　多文化主義は誰のため――少数者集団を保護するため

多文化主義という言葉が頻繁に使われるようになったのは、一九七〇年代以降のことである。ここ

で、多文化主義を、

①「国民国家」のなかで
②「不利な立場」にある
③「少数者集団」の
④「文化」を保護するための
⑤「国家の政策」である

と「一応」定義して議論を始めたい。

直ちにいろいろな質問が生まれる。国民国家とは何か？　不利な立場とは何か？　少数者集団とは何か？　文化とは何か？　国民国家と文化との関係は如何？　なぜ少数者集団が不利な立場にあるのか？　なぜ少数者集団の文化だけが保護されるのか？　多文化主義が多文化共生を意味するのならば、多数者集団の文化も少数者集団の文化も等しく保護されるべきではないか？　なぜ国家の積極的な公の政策が必要とされるのか？　国家のなかの違った集団がお互いの文化を尊重しながら、平和に共生していく気持ちは、市民社会が成熟していけば、自然に芽生えるものであるから、市民社会に任せておけばいいことで、国家が介入すべき性格の問題ではないのではないか？　少数者集団だけを特別扱いにするのは全ての市民が法のもとで平等とされる近代国家の基本原則に反するのではないか？　どれももっともな疑問である。

以下、これらの疑問点を主要なテーマにしながら、多文化主義のいろいろな問題を順を追って検討していくが、この段階で強調しておかなければならない点は、多文化主義は、国民国家の統合・統一の重要性を否定したりはしないが、専ら国民国家（多数者集団）を中心にして少数者集団を眺めるという視座（トップダウン）から、専ら少数者集団を中心にして国民国家を眺めるという視座（ボトムアップ）に移るような基本的な発想転換を要求するということである。

3　文化とは何か

★　文明との違い

これまで文化とか文明という言葉を頻繁に使ってきたが、その意味をもう少し掘り下げて検討しなければならない。というのは、多文化主義を考えるとき、文化の意味をどのように考えるかは決定的な問題であるからである。文化の意味の理解の仕方次第で、多文化主義の意味が決定的に違ってくる。文化の範囲を狭く解釈して、言語、文学、芸術、宗教、儀式、風俗習慣などに限定するときには、多文化主義によって保護・救済されるべき少数者集団の利益は多くの実質を失なってしまうこともあるからである。

特に、コミュニティーの生活基盤の中核にあった土地を国家（多数者集団）によって収奪された先住民の場合には、彼らの文化（コミュニティーの生活様式の総体）の中核には、今は失われてしまっている土地（生活圏）があったと考えなければならない。正にそのような理由があるために、彼らに対する多文化主義的な救済は、失われた土地に対する権利（主権）を回復するかあるいはそれが困難な場合にはそれに代わる生活基盤保障を得る権利を含まなければならないのである。

国民国家は、文化の意味を恣意的に狭く解釈することによって、先住民の先住権を否定したり、土地の問題を避けて通るのである。アボリジニ問題の解決に逡巡する現在の豪州政府（自由党）、アイヌ文化振興法を制定したときの日本政府のアプローチにそれを見ることができる。

さて、まず文化と文明の違いからはじめよう。『新オックスフォード英語辞典』（一九九八年版）は文明を「特定の地域の社会、文化、生活様式」、文化を「特定の国民、人々、その他の社会的集団の諸々の習慣、芸術、社会制度、所産」と定義している。この定義から明らかなのは文明は文化よりも範疇的にもっと大きく、もっと包括的なものであるということである。一九世紀のドイツでは、文明を機械、技術、物質的なもの、文化を社会の価値観、理念、知的芸術的道徳的なものとして区別した。しかし、そのような定義はドイツ以外では定着しなかった。隣のフランスでフランス文化が文明と呼ばれ、それが人類にとって普遍的なものであると主張されたことへの反発があった。

文明は文化よりも大きな範疇であるばかりか、担い手である一定の人種、民族、種族、国民が創造的な文化活動を展開する一定の地域を想定する。その意味では、文明は一定の人々と地理を離れて存在しえない。文化は地域的範囲の面で文明より小さく、一定の共通性をもった諸々の文化の団塊が文明であるといっていい。地球の上に「無数」にある文化と違って、歴史上の文明はもっと容易に数えることができる。過去、世界的に著名な文明史家はいくつかの文明を特定してきた。その正確な数は若干違うが、特定される文明の範囲について大きな意見の対立があるというほどではなく、数の違いは特定の文明を一つに数えるかそれとも二つに数えるかという程度の差である。

例えば、一部の文明史家は中国文明と日本文明を「極東文明」として一緒にして考えたが、大多数の文明史家は日本文明を中国文明から派生した独自の文明として区別してきた。『文明の衝突』で有名なサミュエル・ハンティントン教授も日本文明を独自の範疇としている。教授の列挙した現代の主要な文明は中国儒教文明、日本文明、ヒンズー文明、イスラム文明、西洋文明、ラテン・アメリカ文明、アフリカ文明である。ハンティントン教授をはじめ多くの文明史家はアフリカ文明を独自の文明圏とするかどうかについてはいささか自信がなさそうである。

★単数形の文化と複数形の諸文化

文化は人間の生来の能力を滋養する能力、そのような人間の生来の能力を滋養した結果として生まれた知的生産物、人間の社会共同体の生活様式の総体、という三つのレベルで考えることが可能である。文化という言葉はローマ時代には土地を耕作する（ラテン語のCULTURARE）という意味で使用されていて、その意味を拡げ、人間の心の滋養という意味をもたせたのは古典ローマの政治家のキケロだといわれている。キケロは人間の心を滋養するのが哲学だとした。

一八世紀のヨーロッパの啓蒙主義者がこの言葉を再発見し、文化は人間が心を滋養した生産物である学問、芸術、音楽であるとしたのである。カントは単数形の文化を合理的な主体である人間が自分の生活を普遍的な道徳律に従って規律していくときの表象と考えた。複数形の諸文化の概念を考案したのはカント以降のJ・G・ホン・ヘルダーをはじめとする一九世紀のドイツの歴史主義者だった。E・V・テイラーは文化を「知識、信仰、芸術、道徳律、法、習慣、社会の一員として人間が取得するその他の能力、習癖などからなる複合的総体」と定義した。C・ギールッは文化を「社会的に構築され、歴史的に伝承されるシンボル体系のネットワーク」と定義している。

それは前述のようにフランスの文明の概念がもっている啓蒙主義的な普遍主義の主張に対立する概念だった。フランスの文化としての文明は、世界の他の諸国も達成すべき文化の最高点を意味したから、複数形は有り得なかった。これに対してドイツの文化の概念は、本質的に複数の存在を認めるような概念だった。社会の現象、文化の現象は歴史によって決定されるという考え方に立った歴史主義者の複数形の諸文化の概念はその後近代の社会人類学者が採用するところとなった。特定の集団は他の集団のそれとは違ったその集団特有の生活形態をもつという考え方である。多文化主義も社会人類学の複数形の文化の概念を継承している。

文化を複数形で考えれば、文化相対主義の立場に行き着く。その視点には反エリート主義的な姿勢がある。そのように文化を理解するとき、文化の比較が可能になり、二つの文化が邂逅するときには比較が行われる。違った文化の比較は優劣の感情を伴いがちになる。優劣の感情は優越感と劣等感であり、優越感は誇りであり、劣等感は恥の感情である。キップリング（『ジャングル・ジム』を著した英国のインド植民地官僚）は「野蛮な民族を文明化しなければならない白人の義務」を「白人の負担」と形容したが、それは極端な優越感の何物でもない。

★遺伝子決定論と文化決定論

なぜ複数の文化が生まれるのか。その点をもう少し詳しく検討しよう。人類と他の霊長類との間には社会を組織化する仕方に違いがある。人間の社会は霊長類の社会に比べると、信仰、価値観、社会秩序、技術、その他の文化に属する諸々の要素を組織化し、保護し、後の世代に伝承していく仕方において明らかに違っている。文化が霊長類と人類の社会を違ったものにするだけでなく、文化が人間の社会を違ったものにするのである。全ての人種は生物学的な特徴であるヒトゲノムとそれが要求するニーズはほとんど同じである。それなのにどうして文化の違いが生まれるのであろうか。

人類学者が文化的な多様性を説明する仕方には大きく分けて三つの考え方がある。一つの極には人間の遺伝子学的な面を重視する決定論がある。もう一つの極には文化的な多様性を重視する決定論がある。前者は次のように主張する。人間の身体を形成している遺伝子は身体を生存メカニズムとしながら、その情報を世代から世代へと伝えていく。だから、違った文化は遺伝子を世代から世代へと伝達するという人間存在の究極的な目的に奉仕するための違った戦略といった程度の重要性しかもたない。このような戦略を違ったものにするのは人種の居住する空間の生活環境の違いであると。後者は次のように主張する。普遍的な人間性というようなものは存在しない。あるのは世界を理解する仕方と世界と交渉をもつ仕方を違ったものにするような精神的言語的な構造だけである。S・サピールは次のようにいう。

違った言語の世界が違った文化の世界をつくる。そして人間は社会の表現手段である特定の言語によって支配されるような世界に生きる。言語は人間が世界を認識する仕方に影響を与えるだけでなく、言語は世界の認識自体をも指令する。

文化的決定論は文化の相対性を主張する立場に行き着く。というのは、それぞれの文化は独自の世界観をつくりあげ、それを強制するからである。それぞれの文化を評価できるのはその文化の独自の尺度によるほかない。故に、全ての文化を評価できるような中立的で客観的な尺度は存在しないということになる。というのは評価する者も自己独自の判断の尺度を他者に強制するような特定の文化のなかに浸っているからである。文化の相対主義は特定の文化と社会を尺度にして、他の文化と社会が評価されることに抗議するための政治イデオロギーとして利用されてきた一面もある。文化の相対主義に固執するときには、物事を判断する全ての尺度を拒否する立場に行き着く。そこでは美醜についても普遍的な意見がなくなる。しかし、善悪と美醜の判断は違っていても、それを判断する能力は全ての人間に備わっている。

人間には文化的な適応性というものがあって、案外と容易に違った文化の間を行き来しているのも事実である。それぞれの文化は独自の違った世界を形づくる。文化の違いから世界の違いが生まれる。各文化は独自の尺度でしか理解できないという面は確かにある。しかし、人間の身体は生物学的にみると基本的には同一（ヒトゲノムが同じ）であることが文化を制約するのである。人間の生態環境も人間の生存を制約する要素である。いろいろな文化は相互に孤立しているわけではない。違った文化が邂逅し、相互に交渉をもち、相互に影響し合う。文化は相互に発信と受信をする。その過程を絶えず経ながら、各文化は刻々と変化する。文化の数が多いことは確かであるが、一定の同質化と収斂の過程も経験するものなのである。その意味で文化的な多様性が無限になることはないであろう。真実は生物学的決定論と文化的決定論の中間にあるといえよう（The Oxfordo Dictionary of World Religions）。

過去の文化の相対主義に関する議論では、それぞれの文化と社会は内部的な一体性と均質性と自己完結性をもつという考え方が支配的だった。上述したように、このような考え方は複数の文明と文化の間で起きている邂逅と対話と相互変容の現象を見落とすばかりか、「我々（自己）と彼ら（他者）」という二元論的な世界観を助長するものである。

文化の普遍主義は人間としての我々が何であるかを最終的に定義できるような人間的本質（人間性）があるという哲学的な信念に立っている。一八世紀の哲学者（トーマス・ホッブス、デイビッド・ヒューム、アダム・スミスなど）は、人間性は一定の画一的な熱情、性向、感情から構成されていて、これらの要素は内省と考察を通じて研究できると考えた。

ルソーはそんな普遍的な人間性は存在しないと考えた。カントは仮にそんなものがあるとしても、人間にとって何が最も本質的であるかを決めるのに役に立たないと考えた。

ジャン・ポール・サルトルは人間にとって重要なことは、何もしなければ本来空虚なはずの宇宙において、人間は自身の行動を通じて自分自身のために意味と価値を選び、創造しなければならないと主張する。ミシェル・フーコは普遍性、客観性、中立性をもつ哲学的な理性というものが果たして存在するのだろうかと疑問を提起する。フーコは物事が正当化されるときには、哲学的な客観性が主張されるが、そのような主張は歴史と状況によって特定される文化的、社会的、心理的な視野に必ずまみれるという。

他方、啓蒙主義（一八世紀にヨーロッパ、特にフランスで著しかった合理主義的文化運動以来の西洋哲学）の思想的流れを継承している普遍主義者（カール・オットー・ペール、ユルゲン・ハーバマス、ロナルド・ドゥオーキンなど）は、人間理性のもつ規範的な内容について強い確信をもっている。普遍主義は、認識論の言語であるばかりか、道徳的意味合いももっている。つまり、全ての人間は、人種、性、性的指向、民族、文化、言語、宗教に関係なく、道徳的に平等であり、道徳的に等しい尊敬に値すると主張する。普遍主義が政治哲学と法理論になると、全ての法体系が尊重すべき規範と原則というものがあり、全ての人間は一定の基本的人権を享受すると主張される（S・ベンハビブ・ハーバード大学教授）。

文化の相対主義は社会言語学で異なった言語体系の間の異文化コミュニケーションの問題を論じるときのイディオムを借用する。これらのイディオムは両立不可能性、翻訳不可能性などである。違った言語世界では同一の尺度が通用しない、両者の意味の世界は本質的に翻訳不可能な世界であるということである。そこから、文化とコミュニティーとアイデンティティーというものがそれぞれ独立した、自己完結した、違った存在であるという結論が導きだされる。このような極端な相対主義の見方は、現代に生きる我々ひとりひとりが一つ以上の文化、コミュニティー、言語集団、民族集団に属している現実を無視している。現在のグローバル化世界では、数百万という単位の人間が、経済の世界であれ、政治の世界であれ、芸術の世界であれ、衣食住の世界であれ、複数の異文化の間の相互乗り入れと越境の過程に絶えず参加している。

そこで起きているのは、異文化の間の対決であり、融合であり、合併であり、折衷であり、複合である。そこでは文化の中心部と周辺部の間の区別がぼやけている。異なった文化の間の境界線が曖昧になっている。純粋な国民、純粋な言語集団、純粋な宗教集団、純粋な民族的アイデンティティーというものは「想像上のコミュニティー」（ベネディクト・アンダーセン）にすぎないのであろう。

異文化の間の越境と相互乗り入れの現象を見ていると、社会言語学者の用いてきた極端な通約不可能性と翻訳不可能性の概念を支持するのが難しくなる。我々には諸々の文化のもつ相対性というものを信じるような本能的な気持ちがある。グローバル化の現代に生きる我々には人間の諸々の文化、信条体系、価値体系、表現方法の多様性、多元性、非整合性というものが理解しやすくなっている。異文化を観察すればするほど、我々は文化の相対性というものをひしひしと感じざるをえない。それが自己の文化を貴重なものとして見直すとともに他者の違った文化に対する寛容性を養うのであろう。だから、厳格な相対主義の主張するように、文化というものを密閉された、内部的に自己完結された総体とみるのは非現実的と言わねばならない。

対話と相互依存と共存の共同体というものが既に存在していて、異文化の間の越境と相互乗り入れが頻繁なる時代には、各文化が完全な意味の自己一貫性をもっているとはいえない。現代のグローバル化世界は諸々の文化、言語、種族、国民の間の邂逅と交渉と対決をつくりだしていて、そのような過程のなかでの相互の関わり合いが相互の生活にインパクトを与えていると考えるときには、相互理解と対話を無視して生きるわけにはいかない（セイヤラ・ベンハビブ教授）。

★文化は生き物――文化の自己変容能力

それぞれの文化は内部に自己矛盾と自己変容の力を秘めた生きた実体である。各文化を変化しない同質的なものと考え、各文化の内包する矛盾と闘争を否定し、各文化のもつ解釈と異論の余地を無視するのは間違っている。宗教的原理主義は文化の永遠の不変性と同質性に対する間違った信仰のうえに成り立っている（第1章2および第2章4参照）。各文化は価値多重性をもち、各世代にまたがるような「解釈的な伝承」であり、「闘争的な伝承」である。各文化の生命力は世代間の闘争から生まれる。各文化は闘争的な語りを通じて過去と現在と未来を統合するような世代間の価値と多重な音声をもつ。各文化が活性化され、各文化がメンバーのアイデンティティーを決めるという機能を効果的に発揮するのは、各文化のコミュニティーとメンバーが自己の文化を再解釈し、革新し、再生させる可能性を最大限に許すときである。

複雑な人間社会の内容は常に一定の歴史によって決められる。歴史というのは、常に権力のシンボル、名称、意味などをめぐって諸々の集団、階級の間で展開される闘争、つまり政治的文化的なヘゲモニーをめぐる闘争の結果生まれるものがいわば沈殿物として溜まったものである。そう考えると、人間生活の全領域に及ぶ信条、シンボル、意味などを一貫した体系にまとめあげるような単一の文化というものは存在しないと考えねばならない。

文化というものは、社会のメンバーが複雑な社会の生活に参加していく歴史的な過程において自己表現する諸々の意味とシンボルとアイデンティティー構成要素の総体である。だから、文化は同質的な総体ではありえない。その意味で、文化というものは理論で考えられるような程度の高度な一貫性と明確さの水準には達し得ないのである。一定の歴史的な時間を通じて維持されるような集団的な経験は全て文化を構成するといえるのである（オタワ大学ウィリー・キムリッカ教授）。

4　三位一体の文化とコミュニティーとアイデンティティー

★　文化はすなわちコミュニティー

文化を一つの社会共同体（Community）の生活様式の総体と理解するとき、文化は即ち社会共同体である。文化人類学の用語であるゲノス、エトノス、国民は人間集団の発展段階を示す。ゲノス（ギリシャ語でGENOSで人種を意味する）は血縁で結ばれた人間社会（血縁社会）である。ゲノスが共同体意識をもち、さらに共通の文化、言語、神話、集団的記憶、価値観、シンボルなどを共有するようになるとエトノス（ギリシャ語のETHNOSで民族を意味する）になる。

学者によっては、民族について、信条体系や習俗よりも想像上の共通の末裔に属しているという共同意識を更に重視する。民族と人種の違いは前者が後天的に形成される文化的な特徴を共有する点に着目して人間集団を分類するのに対して、後者は先天的な生物的特徴に着目して人間集団を分類するものである。

民族は自分たちを世代にまたがる社会共同体と認識し、自分たちの集団を定める文化的な共通性に対する信仰に支えられている。民族は自己と他者を区別する線引きを重視する。民族は後天的に形成される文化的な特徴の共有に支えられているとはいえ、民族のメンバー資格は自己選択によって得られる性格のものではなくて、出生によって決まり、一生維持されるような永続的なものである。

現実には、民族的なメンバーシップが他の文化に自発的にあるいは強制的に吸収されることによって変化するという現象はよくあることである。それでも民族の変更は宗教や言語の変更に比べると難しい。

いくつかの民族が共存している状況から抜け出すようにして、一つの民族が他の民族に対する覇権的支配を確立して、一定の領土を基礎にした統一的な政治的コミュニティーを形成するときに、国民が誕生する。つまり、国民は領土に生活しながら、共通の祖先、歴史、集団的記憶、文化、言語などによって統一されている大きな人間集団である。

国民が形成する国家が国民国家（Nation-State）である。国民国家は民族的に多様である場合にも、国民の単一性と統一性を重視する。

★ アイデンティティーとは何か

アイデンティティーとは何か。人がアイデンティティーをもつということはどういうことか。アイデンティティーは人の存在の自己証明である。それは「私は誰でしょう?」という自己に対する問いかけから始まるが、アイデンティティーはそのような問いかけをする人をその人たる者にする特性である。人にはそれぞれ身体的な特徴があるが、原則としてそれがその人のアイデンティティーを形成するものとして第一義的な重要性をもつとはいえない。というのは人は優れて精神的な存在であるからだ。

人には信じること（信条）とそうありたいと願うこと（願望）がある。信条と願望は常に人の意図の要素を含んでいる。信条と願望の内容は人の心の外にある外部世界と全く無関係に独立した形で存在することもあるが、そのような存在形式の信条と願望がその人をその人たらしめるアイデンティティーを形成するとは考えにくい。

他方で、人の信条と願望自体がその人の心の外にある外部環境に決定的に依存している場合もある。人の外部環境は社会的な関係といってよい。社会的な関係は言語によって支配されている言語世界である。人のアイデンティティーはその人の言語によって規定されている。人は言語をもたないとその信条と願望が何を意味するのかを理解することもそれを表現することもできない。言い換えれば、言語の世界は意味の世界である。人のそのような信条と願望は意味の世界なくしては成り立たない。しかも、意味の世界は他の人と共有するという形でしか成り立たない。だから、意味の世界は社会的な関係の世界である。

意味の世界に自己を関わらせるということは社会的なものに自己を関わらせるということである。意味の世界はすなわち文化の世界である。人は意味の世界（特定の言語と言語コミュニティー）と関わりをもつことによって、人は自分自身が本質的に誰であるか、すなわちアイデンティティーを決めるのである。同時に他者によって自分のアイデンティティーを決められるのだ（後述）。

重要なことは第一に人のもつ信条と願望がある程度の永続性をもつものでなければならないことである。第二に人は異なった信条と願望を見分けることができるような永続的なしっかりした価値基準をもっていなければならない。そういうしっかりした価値判断の基準と枠組みがないと価値の選択ができず、自己のアイデンティティーを形成する信条と願望をもつことができないのである。人は自己のアイデンティティーを形成する信条と願望（自己独自の意味の世界）を基盤にして社会的に行動するものなのである。人の信条と願望は、社会的な行動を通じてしか発動されないのである。その意味では、人のアイデンティティーを形成する信条と願望は、本質的に社会集団に根ざすものなのである。アイデンティティーは自己の属するコミュニティーと文化を背景にするのである（ジャワハルラル・ネルー大学ランジーブ・バルガーバ教授）。

アイデンティテイーは他者との絶えざる対話と闘争において形成されるものである。人々が自分が誰であるかを知るのは、他者との接触、他者による確認と承認を通じてである。自己意識としてのアイデンティティーは他者による介在によって生まれるものである。アイデンティティーは自己認識だけでなく、他者の承認を必要とするのである。アイデンティティーは「自分でそう思っている」だけでなく、「他者によって承認されている」ことを要する。

つまり、人々は自分たちのアイデンティティーなり、自分たちのコミュニティーの重要な属性というものが単に社会的に認知されるだけでなく、それ以上に公の空間において承認され、尊重されることを要求するものなのである。アイデンティティーの成り立ちを考えるとき、常にそれが他者との関係において成り立っていることを理解する必要がある。つまり、「私は誰でしょう?」と問いかけるときには、誰が私のアイデンティティーを尋ねているか、多数の社会的な関係の内のどれに自分自身が深く関わっているかが問題になる。その意味では、少数者集団のアイデンティティーは少数者集団が関係をもたざるをえない多数者集団の存在を前提にしている。例えば、アイヌの人々のアイデンティティー意識の中心には文化的な収奪を行ってその民族的衰退に責任のある多数者集団の和人の存在があり、在日韓国・朝鮮人のアイデンティティー意識の中心には差別してきた日本人の存在がある。沖縄県人のアイデンティティー意識の中心には第二次世界大戦中も戦後も巨大な犠牲を強いてきた本土の人間の存在がある。

アイデンティティー集団の要求は、自分たちの文化を表現する特別の権利、政治に参加する特別の権利、自分たちの文化と言語を促進するような国庫補助、一定の地域における政治的自治などをめざす。

多文化主義を推進しているのは少数者集団のアイデンティティー意識である。多文化主義の名においていろいろな議論が行われる。人には安定したアイデンティティーが必要である、個人のアイデンティティーの形成には文化が大きな役割を果たしている、個人が信条と願望を形成するときにはその属するコミュニティーが大事である、アイデンティティーを承認すべきである、人にとって特定の文化に属していることが大事である、相違を保ちたいという気持ちは正当である、個人にとって自己の文化とコミュニティーによって規定される自尊心は物質的な必要の充足以上に重要である、云々。

アイデンティティー意識に基づいて「相違の政治」と「アイデンティティー重視の政治」を要求する声も米国を中心に高まっている。背景には啓蒙主義的な政治哲学から抜け出そうとする大きな知的な流れがある。自由と平等と正義を重視する啓蒙主義的な政治哲学があまりにも個人主義的な色彩が濃厚で、個人の属している特定の文化や特定のコミュニティーの役割を軽視してきたことの反動でもある。

人口のうちの特定のグループが彼らの文化的アイデンティティーを主張する努力には国家あるいは多数者集団による抑圧と不正義に挑戦しようとする政治戦略である場合もある。彼らがしようとしているのは従属の立場から逃れ、一定の威厳を回復しようとする試みでもある。彼らは自分たちの違いと独自の文化のルーツを再発見し、政治的自決をめざして連帯を強化しようとする場合もある。他方、自己のアイデンティティーの承認を求める行動が彼らを狭い文化的コンパートメントのなかに籠城させてしまう危険もある。アイデンティティーの主張が自己耽溺と孤立の習性に変化し始めるからである。それが他者に対する非寛容になり、他者に対する民族的浄化、外国人嫌い、排斥暴力に変わっていくこともある。

前述のように全ての社会と文化についていえることは、それが静止したままとどまるものでなく、いつも変化に反応するということである。ほとんど全ての社会は、自然の現象、民族の移動、移民、政治的社会的発展などの要因を通じて歴史にまみれ、絶えず自己を定義し直し、自己を変容させ、新しい考え方と行動の仕方を生み出していかなければならない。文化というものは、一定の知識、信条、価値観、伝統、ルールである以上に生き物であり、交信と交種を内蔵させる過程そのものであることは既に指摘した。歴史を通じて文化とアイデンティティーが絶えず再形成されていくがために、文化もコミュニティーもアイデンティティーも変容する性格のものである。

あらゆる集団のアイデンティティーの中心には、他者とは違うという意識がある。しかし、同時にあらゆる集団のなかには他の集団の人々といくつかの類似点を共有するような個人がいるものである。集団は重点を置く文化、宗教、料理、服装習慣、言語などに従って他者との境界線を移動させ、重複させ、曖昧にさせるものである。あらゆる集団の文化は、その独自の交配の論理に支配されるものである。そのために文化は、画一的なものでも、安定的なものでも、自己充足的なものでもない。グローバル化の現在、文化はかつてないほどに相互に交信している。だから、アイデンティティー集団の本質的な伝統さえも長年の抗争の対象になった歴史の所産である。

コミュニティーのノモス（ギリシャ語のNOMOSで法・習慣を意味する）を成す要素は固定的なものでも安定的なものでもない。アイデンティティー集団は内部と外部からの挑戦によって彼らの本質的な伝統を絶えず定義し直しているのである。人々の集団的アイデンティティーは特定の文化に相応するものだとされるが、そのような考え方は文化の輪郭がはっきりしているという前提に立っている。相互に交渉し越境しあう文化がそのようなものでなく、人々が全面的にも部分的にもアイデンティティーを変えることを認めざるをえない。文化と同じく、アイデンティティーの複合も折衷も起こる。現在の時代は人々はコミュニティーと文化を越境するような多重なアイデンティティーをもっている。そう考えると、一つの集団アイデンティティーが他の集団アイデンティティーを圧倒してしまったり、吸収してしまったりすることは現実にはなかなか起こりにくいかもしれない。

ところでアイデンティティー集団は自分たちのノモスのために認識できるような宗教的、言語的、人種的、民族的、部族的集団であるが、彼らは独自の歴史、特異な文化、特有な伝統、集団的記憶、特に主流の社会による虐待の集団的記憶などによって支えられている。アイデンティティー集団は主流の社会への完全な吸収に抵抗しながら、アイデンティティーの維持を絶えず求め続ける。特にアイデンティティー集団は国家が自分たちを浸食する能力と意図をもっていることに始終警戒しつづける。

アイデンティティー集団のなかでも、宗教コミュニティーは孤立した生き方をしていることが多く、文化的に最も明確なアイデンティティーを維持している。神の意志に従って一定の生き方をしているという意識が明確なアイデンティティーの維持に役立っている。そういう意識があると、社会の主流の文化に絶えずさらされて暮らしていても、独自の文化的アイデンティティーを失いにくいのであろう。宗教コミュニティーは聖なる伝統の永遠性の信仰に支えられているが、本質的な伝統さえも変容を免れないものである。宗教的原理主義は内部変化とアイデンティティー危機にさらされている宗教コミュニティーの過激な反応の形態である。

社会における最も強烈な違いの形態は宗教である。リベラル民主主義は政府が政教分離と世俗主義(国家の非宗教性)を守らなければないことを要求するが、それ以上に宗教コミュニティーが独自の文化に生きることができるようにするためにはそれだけでは足りず、寛容の精神に基づいて宗教の多様性を積極的に許容することを要求する。

人々のアイデンティティーは彼らの独自の文化に根ざすものであるが、それを常に文化に直接的に関係づけるのが問題と思われる面もある。例えば、米国の現象を観察するとき、文化的なアイデンティティーの多様性が存在するというよりも「社会的なアイデンティティー」が存在するといった方が適当と思われる面もある。米国では人々は属する社会的集団によって形成され、「社会的なアイデンティティー」が最も重要な気もする。

米国ではそれぞれの集団のアイデンティティーは必ずしも特定の文化に関係しているとはいいにくい。黒人（アフリカ系米国人）が人種主義者によって軽蔑されるのは黒人の文化のためではなくて黒人であるからである。また、過去の歴史のなかで在日韓国・朝鮮人が差別されてきたのは、彼らの文化的アイデンティティーが問題だったというよりも主流の社会から彼らを排除してきた歪んだ日本の社会構造が生み出した彼らの「社会的アイデンティティー」のためである。同和の人たちの苦しみも同じ文脈で理解されるべきである。

つまり、社会的アイデンティティーは、国家と社会と国民の支配的集団のつくりだした抑圧的な社会構造や彼らが非支配的な少数者集団に対して行う差別的な烙印行為から生まれるものである。だからこのような場合には、正義の課題は、社会的アイデンティティーや「違い」を抹消し、彼らの社会的な上昇（アップリフトメント）を図ることである。そのために過去の差別と抑圧と不正義に対する償いのために逆差別優遇措置が必要とされるのである。

多くの国において少数者集団が政治的経済的社会的要求を行うときには、自分たちの文化的アイデンティティーを表看板に掲げることが普通であるが、しかし、彼らの文化やアイデンティティーが直接に問題になっているわけではない。

アイデンティティーというものは文化だけを背景にして主張されるものでもない。ジェンダー（性）、セクシャル・オリエンテイション（ゲイ、レスビアン）は現代のアイデンティティー論議の一つの大きな焦点である。人の身体的形状は基本的にはアイデンティティーを成すものでないことには既にふれたが、身障者が身障者として社会的な役割に目覚め、政治と社会に積極的に参加するために市民運動を展開するようなときには、身障者としての意識が強烈なアイデンティティーを形成しているというべきである。

★ アイデンティティー危機が起きるとき

集団のアイデンティティーが脅威にさらされるのはどういうときか。

第一の場合は、一つの集団の価値観がもう一つの集団の上に強制的に押しつけられるときである。それは外部の脅威から発生する危機である。先住民が暮らしていた米国、カナダ、豪州に欧州の植民者が侵入したとときには、先住民は土地を収奪されたばかりでなく、自分たちの文化と価値観が破壊されていくのを見て、アイデンティティー危機を感じたに違いない。本州の人間が北海道の拓殖事業を大規模に始めたときにもアイヌ民族は同じような運命に遭遇した。

第二の場合は、集団のメンバーが意思の弱さ、怠慢、無知、混乱などによって集団の価値観を気にしなくなるときである。これは外部の社会からの影響によって内部危機が起きるときである。現代のイスラム原理主義の台頭は西洋文化の影響でイスラム社会が浸食されているのを見て、脅威とアイデンティティー危機を感じた保守派勢力が巻き返しを図っていると解釈できる。

第三の場合は、集団内部の価値観を論じているメンバーがその価値観の不適当なことに気づき、もっと良い価値観を発見しようとするときである。例えば、伝統的なイスラム社会における女性の地位は西洋のリベラル民主主義の立場からは悲惨なものに違いない。イスラム・コミュニティーの保守派指導者は女性を解放する動きには非常に神経質になる。国家が多文化主義に従ってアイデンティティー集団に集団としての特別の権利を認めるときのリスクは、集団内部の非リベラルで非近代的な法と習俗（個人、特に女性の人権を無視する）を温存することに手を貸す結果になることである。

コミュニティーとそのアイデンティティーは自己（内なる世界）と他者（外の世界）の間の線引きを行う。前述のように、いかなるコミュニティーもアイデンティティーも、文化とその担い手の間の相互交渉と越境現象があるために、本来の性格として流動的で不安定な面をもっている。だから、コミュニティーの内部には、コミュニティーの伝統と秩序の一体性は維持されなければならないという思いがいっそう強くなる。自己と他者の間の構図は自己と他者の間の警戒心を語る。それ以上に、自己のコミュニティーをあるべき姿に従って規律しようとする願望を反映している。

そのような状況のなかでは、他者のコミュニティーを排除するよりも自己のコミュニティーの逸脱者を規律することに主要な関心が移る。内なる紛争は伝統を固定化する法によって解決しようとする。あるいは内部における直接的な闘争によって行われることもある。しかし、内部の敵が強すぎるときには完敗する恐れもあり、闘争は長くなり、犠牲も大きくなる。そこで兄弟間の戦闘を行う代わりに逸脱者を非正統化することが行われる。それをやる方法は彼らが他者と通じ、他者のようになっていると非難することである。それは他者を悪魔化することである。つまり、内なる者に押しつけようとしている価値観と正反対の価値観を他者が体現しているといって批判することなのである。

サミュエル・ハンティントン教授の『文明の衝突』の最後から二番目の章は「米国の解体？」と題されている。その章を読むと、彼の文明観が米国社会のあるべき姿について何を言おうとしているのかがわかる。つまり、ハンティントン教授はますます多文化主義的になっていく米国がどうなるだろうと問いかけながら、彼が知っている現在の米国が「本来あるべき本質的な米国の姿」ではないと訴えているのである。彼は述べる。

米国の統一は歴史的にヨーロッパ文化と政治民主主義のうえに成り立ってきた。これが過去各世代の移民が吸収されていった米国の本質だった。…米国は民族的に人種的に益々多様化している。過去、米国はいくつかの国から移民を吸収することに成功してきた。彼らが米国社会を支配するヨーロッパ文化に適応し、米国の信条を受け入れてきたからである。…このパターンは今後も続くのだろうか。もし、人口の五〇％がヒスパニックと非白人になったら。……

ハンティントン教授の懸念は自己と他者の衝突（文明の衝突）よりも自己（米国）の内部の問題にあるようである。つまり、教授の願望はヨーロッパ文化とヨーロッパの価値観の支配する米国社会のイメージを維持することである。「他者」（非ヨーロッパ）を悪魔化することによって自己（米国）の内部のアイデンティティー危機に対処しようとする姿勢である。ハンティントン教授の立場からいえば、多文化主義者は本質的にヨーロッパ的な性格の米国の文化と制度に敵対する勢力をけしかけているということになるのである。

現在のインドで起きているヒンズー至上主義者のモスレムとキリスト教徒に対する迫害は、ヒンズー至上主義者が他者（モスレムとキリスト教徒）を排除しようとしているというよりも、「内なる社会」

（ヒンズー社会）の内部危機に対処しようとあがいている姿と見ることができる。現在、そこで行われていることは二つである。一つは人々を自己の一定の信仰と生き方（ヒンズー教）に従って規律することである。もう一つは他者（モスレムとキリスト教徒）を自己の価値観と正反対の価値観を体現している悪魔的な他者として描くことである。ヒンズー至上主義者の運動もヒンズー文明の内なる危機を文明間の対決に転換することによって乗り切ろうとする戦略である（ジャワハルラル・ネール大学カンチー・バジパイ助教授）。

「歴史の発明」はアイデンティティー危機に対処するための一つの手段である。文化が激しく変化する時代には、不安が起きる。個人も集団も自己のアイデンティティーを推進力にして不安からの脱出を求める。それだから、彼らがアイデンティティーを求める過程に単純化現象が起きる。コミュニティーは歴史と変化の枠外にあって「変化しないもの」とみなされ、変化と歴史が否定される。コミュニティーは過去変化せずにやってきたかのような行動する。現在と同じ考え方、行動様式、願望、関心を維持しながら、過去何世紀もの間変化なしに生き残ってきたかのように語られる。歴史によって起きた変化が認められても、コミュニティーのなかに深く根ざしたアイデンティティーが問題にされないこともある。

コミュニティーの集団的記憶（後述）についても、同じような理解が可能である。文化は人間のように記憶を能力を備えたものとされ、文化は人間のように侮辱され、裏切られ、復讐を受けるものだとされるのである。変化と危機にさらされるときには、コミュニティーのなかで世代から世代へと語り続けられてきた歴史上の傷（屈辱）や歴史の栄光（勝利）がコミュニティーのアイデンティティーの前面に躍り出る。栄光もコミュニティーのアイデンティティー意識のなかに誇大な姿で浮上してくる。栄光は自己集団の誇りとなり、屈辱は他集団に対する憎悪と敵意となって膨れあがる。

歴史が生んだ大きな変化を認めなければならないとき、自分たちのコミュニティーのアイデンティティーが昔のものと違ったものであると認めるとき、人々は過去の特定の時代を振り返るものである。そして、その時代はコミュニティーが今は失ってしまった純正なものをもっていた時として栄光化される。こうしてコミュニティーの歴史と伝統が人為的に発明されるのである。

アイデンティティーは雑多な人々から画一的な人々をつくりだすという機能を果たす。アイデンティティーは他者との間に明確な境界線を引き、コミュニティーを変化しない永遠の本質的な実体とみなすような単純化と虚構化を行うのである。絶え間ない変化の世界のなかで危機感をもつコミュニティーがよくやることは、アイデンティティーをつくり直すことによって「自己」と「他者」との間の関係を違ったものに描き直すことである。

★自己と他者の対立の構図――烙印行為と集団的記憶の役割

文化的な相違は紛争によって醸成されて顕在化するという面がある。しかし、文化だけが異集団の間の橋渡しを不可能にするような社会的な距離や長期的な敵対関係をつくるわけではない。原因や動機が何であれ、対立者（自己と他者）の心のなかで文化的な相違が重要なものとして急に膨れあがる。フロイトは、二つの国民の間で本当の違いが小さくなればなるほど、それは想像のなかでそれだけ大きくなるという趣旨のことを言っている。表面的な相違がほとんどないような状態にあるときも、人々は深く対立しているかのように行動するから不思議である。共通の過去は平和共存と相互尊重をつくりだすべきはずのものである。ところが、文化的な同質性がかなり高い二つの国民がお互いに喉を摑み合うような喧嘩を始終する事例には事欠かない。異文化集団に短絡的な烙印が押される。集団的記憶が相互を対立させる。相互間の文化的な同質性がかなり高いときでも、一見して無意味と思われるような小さな違いがいったん表面化しだすと、それが文化的な相違を引き立たせるのである。

自己と他者の対決の構図の枠にはまりこんだアイデンティティー意識のなかでは異文化に対する短絡的な烙印を押すことが普通行われる。「日本人は物まねが上手で独創性がない」・「日本人は狡猾である」が欧米人の烙印行為の例であり、「韓国人は恨みっぽい」・「韓国人はすぐカッとなる」・「中国人は悪賢い」・「米国人はお人好しであるが、単純」が日本人の烙印行為の卑近な例である。短絡的な烙印行為は無知と悪意によって異文化の承認を拒否することである。そこでは侮蔑、敵視などの感情から、異文化の複雑な相違が単純化されてしまう。異文化のもつさまざまな属性が濃縮されて一つにされてしまい、粗暴な誇張が加えられる。そして、そのような単純で粗暴で誇張された嘘のイメージが異文化、異文化集団、そのメンバーに付着されるのである。

そのような嘘のイメージがいったんできあがってしまうと、頑強に生き続ける。異文化と異文化集団とそのメンバーは常にそのような短絡的なイメージを通して眺められるようになる。それを否定するような反証があっても、考慮に値しない例外として掃き捨てられてしまう。短絡的な烙印行為は異文化交渉と多文化共生を拒否するような一方的な態度である（デリー大学テイスタ・バグチ教授）。

自己と他者が対決する構図の枠組みにはまりこんだアイデンティティー意識のなかで非常に厄介な

のは、過去の激しい紛争、支配、抑圧、残虐行為、ホロコーストに起因する激烈な憤りと恨みと復讐心に満ちた集団的記憶である。フランスの哲学者ポール・リクールは次のように述べている。

人間は自分の人生をひとつの物語として語ることによって自分が何者であるかを理解し、アイデンティティーを獲得する。同様に民族も自らの歴史をひとつの物語として語り、伝えることによって共同体としての自覚を得る。そのときに問題となるのが記憶という作業である。(『朝日新聞』での対談。二〇〇〇年一二月八日)

それは異なる集団の間の通常の優越感と劣等感の葛藤の範囲を遙かに超える問題である。腹蔵されている過去の集団的記憶は心のなかでじゅくじゅくと化膿する。恨みは、その原因が終わっても、世代から世代へと引き継がれていく。ナショナリズムの課題は多くの場合、過去の恨みを晴らすことにある。ナショナルなコミュニティーを分断するのは、過去の時代に一つの集団がもう一つの集団を支配したという単純な事実に起因することが多い。集団の間の紛争を政治暴力の悪循環に陥れるのは、相違の記憶ではなくて、一方の他方に対する支配の記憶である。過去を無視できる多文化社会もある。他方、幽霊、亡霊のように呪いまとわりつく過去の集団的記憶と猛烈に闘わねばならない社会もある。バルカン半島で現在も起きている民族紛争は支配し合い、殺し合ってきた過去の集団的記憶に呪われた紛争である。

東アジアの隣接国家の間の関係もそういう集団的記憶に呪われている。中国と韓国は何かというと日本人の「過去の罪」を思い出させるために歴史カードを切ってきた。韓国・朝鮮が問題にしてきたのは、日本の植民地支配、朝鮮人強制徴用、朝鮮人従軍慰安婦、日本の歴史認識と中高等学校の歴史教科書の検定などの問題である。中国は日本の中国大陸侵略、中国人強制連行、日本の歴史認識と中高等学校の歴史教科書の検定、「南京大虐殺」事件、731部隊（関東軍防疫給水部）、靖国神社参拝などを問題にしてきた。英国、オランダを公式訪問された天皇に向かって展開された第二次世界大戦中の英国人、オランダ人元捕虜・民間抑留者の抗議運動（謝罪補償要求）も日本人に集団的記憶の厄介さを嫌というほど経験させてきた。

文化とコミュニティーに根を張るアイデンティティーを語るときには、集団的記憶の問題を避けて通り過ぎることはできない。現在の平和的共生のために立ちはだかる過去とどのように対決するかという問題である。過去を記憶するというプロセスは厄介なものである。集団的記憶は力関係の非対称性を嫌がうえにも強める。将来に対する恐怖は過去に受けた暴力と抑圧の記憶によって滋養されるからである。記憶が生き続けるときには、将来のある時点で報復が起きるかもしれないという怖れがつきまとう。

正にその理由のために、過去の加害者は、被害者が過去の苦しみをすぐ忘れるだろうと希望を抱きながらも、自分の過去の悪事を意識的に忘れようとする。しかし、過去は過去、新たに出発点から出直そうというのは、加害者に圧倒的に都合のいい生き方である。被害者にとって忘れるということは公正な妥協ではないのである。被害者にはとても呑めない相談である。忘れるという状態は意識的につくりだせるものではない。加害者が被害者に対して過去の虐待と残虐行為と不正義を忘れるように要求するのは償いなしの許しを要求することである。そればかりか過去の悪事を公の場で呼び起こすなというのと同じである。それでは過去の傷を癒し、和解をすることができるはずがない。

危害はそれを受け入れる人に身体的な苦しみを与える。しかし、それ以上にその人の心を傷つける。心の最たるものは自尊心の受ける傷である。例えば、アメリカ人の広島長崎への原爆投下を許せないのは悲惨な人的物的被害だけではない。劣等な有色人種である日本人の頭上なら原爆を投下しても構わないと思ったかも知れない当時のアメリカ人の人種差別感情を疑うときには、日本人としてはいっそう許せない気持ちを強めるだろう。加害者は加害行為を通じて被害者が取るに足らない人間であることを明確に伝えるからである。正にこの理由のために、加害行為は被害者の自尊心を著しく傷つける。

加害行為のもたらす侮辱は心の深い傷になる。このような自尊心の喪失は過去を忘れようという要求によって癒される性格のものではない。それは被害者をさらに傷つける行為になる。被害者に過去の悪事を忘れよと要求するのは、あたかも悪事は行われなかった、だから憤慨する理由はないというようなものである。それでは被害者をもっと辱めるに決まっている。

忘れよと要求することによって、過去の歴史のなかに忘却による空白ができるわけではない。加害者と被害者の両方がそれぞれもっともらしい説明でその空白を埋めるようになる。加害者は自己満足的な説明をする。被害者は敗北主義者的な説明をするかもしれない。加害者は人種や文化が優れていたからだと自惚れるかもしれない。被害者は身の上に起きた悲運は内なる劣等性のせいだと信じさせられるかもしれない。忘れようと要求することは被害者の自尊心の喪失をさらに強め、等閑視された被害者の心の傷は被害者の道徳的志気を低下させるに決まっている。

適正な記憶だけが被害者の威厳と自尊心を回復させるのである。コミュニティーは英雄的な行為は記憶しようとするが、自己の名において他のコミュニティーに対して集団的に加えた残虐行為と不正義の記憶を抹殺しようとする。生存者の証言は非常に重要であり、「当時現場にいて、直接体験し、傷ついた人々のが語る言葉の前では沈黙するしかない」（ポール・リクール）が、集団的記憶が生き残り、その力を発揮するのは個人の記憶や経験に頼る必要がないのである。被害者側の世代の交代によって証言する生存者のいなくなることを期待するのは愚かという ほかない。忘れるという単純な戦略は機能しないことを忘れてはならない。

過去にきちんと適正に取り組むことだけが平和的な共生を可能にする未来をつくるのである。形だけの記憶は駄目である。過去との取り組みは、理性（頭）のレベルだけでなく、感情（心）のレベルでも行わなければならない。苦情が適正に処理されていないときには、心の古傷はいつでも噴き出すものである。異集団の間の敵意というものは不思議な魔力をもっている。そういうものが両者の現在の共通の利益のためにならないことがわかりきっていても続くものである。理由は簡単である。人間の心のなかに刻印された感情的なしこりというものは、周囲の事情の変化に対しても、鈍感なもので、世代から世代へと遺伝されるような性格をもっているからである。

そうはいっても、分断的なコミュニティーのなかに生きる過去の被害者としては、いつまでも過去の苦しみの記憶に呪われてばかりいるわけにはいかない。過去の加害者と一緒に生きていく自分たちの道を探さねばならない。つまり、被害者としては、過去を記憶するのと同じ程度に過去を忘れるということをしなければならないのである。いがみ合うだけでは、共生の社会をつくれない。どの程度忘れるかという問題はあるが、とにかく忘れることも必要なのである。

しかし、加害者の被害者に対する適当なタイミングの明確な謝罪と妥当な償いは不可欠である（ポール・リクールは、ホロコーストについて「我々は死者に対して負債がある。負債をしっかり引き受け死者を弔わなければならない。和解のために償いが必要である」と述べている）。明確な謝罪と妥当な補償は、加害者の立場からいえば、屈辱的な行為である。しかし、過去の加害者も屈辱を味わされることなくしては、被害者が過去に受けた屈辱は癒されない。過去の記憶の完全な抹殺は被害者の傷を癒すという点からも、将来に向かって共生のコミュニティーを再構築するという観点からも、望ましくはない。

和解と新たな再出発のために過去の罪の生々しい加害行為の具体的な詳細は最終的には忘れられる必要があるが、加害行為全体の一般的イメージは集団的記憶から消去してはならない。それは将来に同じ過ちを繰り返さないためである。過去に良心的に取り組み、集団的記憶を制度化することが必要になる（ランジーブ・バルガーバ教授）。集団的記憶の制度化はそのための歴史博物館の維持、犠牲者に対する恒例の追悼式典の開催、過去の歴史を直視するための歴史研究支援（戦後五〇年を記念して日本政府が発足させた事業の一つ）などである。

被害を受けたという集団的記憶は被害者集団にナルシズム的な殉教者メンタリティーと絶えざる不平の習性を植えつける危険もある。加害行為が政治シンボル化し、加害者と被害者の間に加害行為の規模と性格をめぐって激しい闘争が展開されることもある。被害者が加害行為を極端に誇張したり、あるいは全く虚偽の史実を意図的に発明することもある。この関連でいえば、「南京大虐殺」事件は被害者側の悪意の史実歪曲によって集団的記憶の内容（特に犠牲者の数）が被害者と加害者の間で大きな乖離を見せる典型的な事例であるといわれる。

広島長崎への原爆投下は日本国民の集団的記憶として永遠に残る歴史的大事件であるが、この場合には、加害者（米国人）が加害行為（原爆投下）を矮小化している。原爆投下五〇周年を迎えたときに米国内で展開された原爆投下の是非論争を見るとき、原爆投下の意味をめぐっては日本人と米国人の間に集団的な記憶の仕方について顕著な違いがあることが判明した。スミソニアン航空宇宙博物館が「最終章・原爆第二次世界大戦終結」と題する原爆展を企画したところ、現役軍人団体が「原爆を否定的に描き、米国軍人を侮辱するものである」と猛反発したのが論争の発端。議会、共和党の反対圧力も加わって、博物館の展示内容修正努力にもかかわらず、展示会そのものが中止された。クリントン大統領も展示会中止を支持、「トルーマン大統領の原爆投下の決断は正しかった」と言明した。日本政府は「国民感情として理解できない」という声明を出した。論争の焦点の一つは原爆を使用しなかった場合の米国兵犠牲者の推定数だった。スミソニアン博物館側が六万三〇〇〇人としたのに対して、在郷軍人会は一〇〇万人とした。原爆投下については、日本人には自己が被害者で米国人が加害者であるという明確な認識があるが、日本の戦争開始の責任（特に宣戦前の真珠湾攻撃）を強く問う米国人の方には自己が加害者であるという意識は少ない。

集団的記憶から生まれる恨みの感情が、何かにつけて過去の犠牲を理由にして特権を要求する資格があるとするような犠牲者の万事自己正当化の政治イデオロギーに転化してしまうこともある。全ての問題の責任を加害者に押しつけ、加害者に有無を言わせずに要求を呑ませるような「強要の習性」

に知らず知らずのうちに被害者を陥らせることもある。過去の犠牲を売り物にする政治が支配するところでは、冷静な議論を要求する政治民主主義もコミュニティー間の共生も対話も不可能になることもある。

いずれにしても、加害者と被害者の和解は絶対に必要である。そして加害者と被害者の和解の過程を進めるのは、①加害者の明確な謝罪と補償、②被害者の許す心、③両者による集団的記憶の抑制された制度化の組み合わせ、である。

集団的記憶の問題は民族の歴史の問題である。そのような根の深い性格があるがためにそれを法律・条約問題の次元だけで処理することは不可能である。第二次世界大戦終了後のサンフランシスコ講和条約、二国間の平和条約などで賠償、財産・請求問題は全て解決済みであると思っていたにもかかわらず、戦後五〇年以上もたった今日でも日本が次々に突きつけられる「過去の問題」（謝罪と償いの要求）に呪われつづけているのはそのためである。日本の国家、社会、国民の各レベルにおいてこの問題に対する基本的なアプローチの仕方と処理のタイミングに問題がなかったかどうか反省してみる必要はある。勝れて集団的記憶の問題である「過去の問題」は、法律・条約問題のレベルを遥かに超え、世代間にまたがって提起されるような政治的、社会的、道徳的、歴史的な問題でもあるのである。

ポール・リクールも「表現不可能と思えるほどに理性の枠の外に出てしまった言語を絶した極限の犯罪」（ホロコーストという集団的記憶問題）にアプローチ（理解）する方法として、裁判官、歴史家、作家の視点を重複的に適用する必要性を指摘している。裁判官は法の手続きに基づき個人の犯罪を客観的な証拠に基づいて裁き、量刑を科する。そこで問題は決着される。しかし、裁判では国家の政治構造や民族全体の責任は問えない。そこで裁判官の視点を補うような歴史家（客観性のある史実を究明して記録を後世に残す）と作家（人間の想像を絶するような残虐な史実に基づく作品の創作を通じて信じがたい物語を読者に理解させる）の役割が重要だというのである。

5　挑戦を受ける近代国民国家構築原理――文化と国民の同質化への反動

★ヨーロッパ近代国民国家の形成過程

国民国家のなかで過去抑圧されてきた諸々の少数者集団が独自のコミュニティーと文化とアイデンティティーを主張している。それは国民国家のなかの多数者集団の文化と利益を反映しがちな「国民文化」（National Culture）と「国民社会」（National Society）と「国民的アイデンティティー」（National Identity）が挑戦を受けていることを意味する。つまり、伝統的な国民国家の構築原理が問題になっているのである。多文化主義は、近代国民国家の形成過程において多様な原初的コミュニティーとその文化がどのように取り扱われてきたかを問題にする。

ヨーロッパ型の近代国民国家は、ウェストファリア条約（一六四八年）、ウィーン会議（一八一五年）、ベルサイユ条約（一九一八年）、第二次世界大戦（一九三九〜四五年）の戦後処理を経ながら発展してきた。神聖ローマ帝国を中軸とする汎ヨーロッパ的な帝国システムが崩壊しはじめると、欧州各地の民族言語集団、民族宗教集団は自己の領土を求め、一つの国民として独自の政治コミュニティー（政治共同体）をつくりあげた。国民が形成した政治コミュニティーが国民国家である。国民国家は成立当初、対外的にも対内的にも自己の基礎固めをする必要に迫られた。対内的には、自己の権益を保護拡張していく過程で社会のなかに国民国家成立の以前から存在していた諸々の原初的コミュニティーを従属させ、社会を一つの国民の政治文化の下に同質化しようとした。

そのような課題を背負った国家のイデオロギーがナショナリズムである。欧州のナショナリズムは文化的な同質化と政治的な民主化と社会的な平等化を核とした。そこでは諸々のコミュニティーを超越した次元の国民的（National）な目標と権益と願望が強調された。社会が国民社会になり、国民が国家と同じになっていく過程で、社会の他の諸々の社会的、民族的、宗教的、文化的なコミュニティーは国民国家の権力によって従属されていったのである。国家は文化的、宗教的、言語的、人種的に吸収されない集団を「よそ者」（「他者的」、「非市民的」あるいは「外国人的」存在）とみなした。つまり、よそ者は、国家の領土のなかに住みながら、他の国民の文化、目標、願望、権益を代表している存在とみられた。一つの国家のなかのこのような状況が国家間の戦争の原因になり、諸集団の間の文化的、宗教的、人種的、言語的な紛争の原因になったことはいうまでもない。

近代的な国家システムのもとでは、人々のアイデンティティーは、政治的、領土的な意味をもったものにすぎないと理解されるようになった。国家のなかで民族的、宗教的、言語的な要求をする少数者集団を独立の国民とみなすことが非合法化されたのである。国家の宗教に対する優位が確立されて、国民が公的な空間で宗教的アイデンティティーを主張することが禁止された。市民が民族的、文化的アイデンティティーを国民的アイデンティティーに優先させることも禁止されたのである。国民と国家の合流、国民的アイデンティティーと市民の合流、国民の文化的な同質化が社会の近代化、政治の民主化にとって不可欠なものとされた。

近代的な国民国家の概念は理論的には国民国家が多数者集団の民族的、宗教的、人種的な性格を帯びるのを許さない。国民国家のメンバーは、各人の民族性、宗教、文化、言語の違いを超えた次元で平等かつ同じ市民権を共有する国民、すなわち、市民として承認されるのである。それは国民の概念が民族文化的な概念から政治文化的な概念に変化したことを意味する。そのような変化を可能にしたのは、国家が共通の言語（国語）と国民文化と共通の市民権を強制したからである。欧州型の近代国民国家システムでは、共通の市民権の概念は多数者集団にも少数者集団にも適用された。そうすることによって、共通の市民権の枠内で少数者集団の特別の権利を承認する余地は失われてしまったのである。

ところが、実際には、近代国民国家の文化的な同質化の過程では、支配的な多数者集団の民族性、宗教、文化の表象（シンボル）が使用された。このようにして形成されていった国民文化は多数者集団の文化の利害と気風を反映しがちになった。それにもかかわらず、国民国家は多数者集団の民族性、宗教、文化の表象にすぎないものをあくまでも普遍的な性格をもったものだと装ったのである。そして、多数者集団の民族性と文化は、誰にでも開放されたカテゴリーのもので、国家のなかで多数者集団が占めている空間は全ての市民のために開放されている国民生活の主流と考えられたのである。多数者集団は政治的に開放された普遍的な集団、少数者集団は民族的な閉鎖集団であり、少数者集団には社会の主流に参加する道はいつも開かれているとされたのである。それでも、多数者集団が少数者集団に対して政治的文化的な支配を行っているという印象を与えないように細心の注意はなされた。同質化の過程は国家の近代化と工業化と全国的な市場統合と結びついていた。

多数者集団のものであれ、少数者集団のものであれ、国民国家が形成される以前の原初的な民族的アイデンティティーは近代的で平等な国民社会が構築されたあかつきには止揚されるものと考えられた。そのような普遍的でナショナルなものが信憑性をもっていたのは、国民国家が自由民主主義(リベラル・デモクラシー)的な性格を帯びながら、市民社会から自立したものに変化していったからである。国家と市民社会がお互いに自立性をもっているという建前のもとでは、民族的な多数者集団が少数者集団に対して国家を通じて覇権的な支配を及ぼすことなどできないと考えられたのである。それだから、多数者集団の文化的な支配は政治と教育とコミュニケーションの過程を巧妙に操ることによって行われた。

自立した市民社会があるから、少数者集団が社会的文化的な集団として生き残り、固有の文化と伝統を保存できると考えられた。少数者集団もリベラル民主主義政治の公の競争空間において自分たちを政治的に動員できる。しかし、少数者集団が独自の法律を制定してそれに従って生きることはできない。多数者集団の民族的、宗教的、文化的なコミュニティーの規範を反映しがちな国家の法律に抵触するような文化的社会的な慣習に従って少数者集団が生きることは許されない。

少数者集団はあくまでも国民国家の枠内で国民生活の主流に参加するように奨励された。彼らの市民権の内容を制約するような障碍は除去された。しかし、彼らの活動が国家の同質化事業を阻害する場合には、国民国家は非寛容的な態度をとってきた。国民国家は、全国的な市場統合の利益と平等な市民権のもたらす利益を売り物にしながら、市民から国家に対する忠誠心を要求した。国家に対する忠誠心は市民の他の全ての忠誠心（独自の民族的文化的集団に対する忠誠心など）に優先するものとされた。政治的には国民国家は多数者集団の利益優先指向で、文化的には多数者集団の文化の覇権支配を維持する傾向があった。国民国家は多数者集団の利害とエトスを表現しがちな教育、文化、マスメデイア、社会生活を通じて少数者集団を国民社会のなかに同化しようとした。

少数者集団の一部のメンバーが新しい国語によるエリート教育を受けて社会的に上昇していったことは確かであるが、少数者集団が「多数者集団を代表するにすぎない国民国家の化けの皮がはがれはじめた」と感じるにいたったのである。少数者集団の文化とアイデンティティーとコミュニティーの利益を守るためには、彼らの権利を「平等な市民権」という従来の枠組みのなかで考えるだけでは不十分だと彼らが気がつきはじめた。国家のなかで新しい少数者集団になった移住者集団も同じである。国民文化と国民社会を強調する国民国家の過去の生き方は、多数者集団の政治的、文化的、社会的な覇権支配を恒久化するものにすぎないと考えるにいたった少数者集団は、国民国家のなかで多数者集団と少数者集団の間の実質的な平等を確保するためには、少数者集団が集団としての特別の権利を与えられるべきだと主張しているのである。

ここでフランスの普遍的共和国モデルについてふれたい。フランス革命の推進した近代的国民国家建設モデルは、特定主義的な文化と民族性（エスニシティー）とコミュニティーを徹底的に否定する点で際立っている。それは「普遍的な共和国モデル」あるいは「ジャコバン・モデル」と呼ばれる。国民としてのフランスは「血統」ではなくて「市民」を基礎にした政治コミュニティーをつくるという政治理念である。それはフランス革命が最も重視した理念だった。フランス革命以前の封建制の遺物を残す旧体制（アンシャン・レジーム）のうちで最も憎悪されたのは、フランス社会の有機的な構造と連帯の基礎をなしていた特定主義的な人間の絆と権利義務関係（パトロン・クライアント関係）だった。そういう特定主義的なものは抑圧と不正義の象徴とみられた。だから、フランス革命の指向したのは、社会を近代化し、普遍化することだったのである。つまり、普遍的な和解、紛争の源である特定主義と相違の解消、普遍的な兄弟愛と普遍的な市民権を実現することであった。

フランス革命の目標は、人々を特定のルーツとコミュニティーから解放して、自由と平等な権利と威厳を享受する「抽象的な市民」（フランス市民）をつくることだった。フランス革命を推進した人々の立場からいえば、フランス市民であるということは、人種、民族、言語、宗教の違いを乗り越えて、世界に向かって自由平等な市民権の価値を啓蒙する特別の責任を帯びることを意味したのである。フランスが理念としたのはそのような価値観を体現した「普遍的な共和国」だった。

文化的なルーツの違いを超えて統合された市民が形成する政治コミュニティーという意味のシビック・ネイション（市民的な国民）というフランス的な概念が発明されたのである。シビック・ネイションは政治的な同質性を既存の文化的な同質性のなかに求めない。つまり、それは過去、文化、伝統に基づく所与のものではなくて、自由な市民が共通の政治制度に与える自由な意思によって創造的につくられるものなのである。自由意思はすなわち社会契約である。公の空間において文化的複数主義を認めたり、社会を異なったコミュニティーに細分化することは、シビック・ネイションの概念と相容れない。シビック・ネイションは、多様なコミュニティーを同質的で不可分な単一の政治コミュニティーに吸収し、文化とコミュニティーの面では多様な個人を平等な市民につくりかえることを理念にしている。そのような過程から生まれるのが「普遍的な共和国」なのである（ロンドン大学キャテリーヌ・オダール教授）。

フランス流の普遍的な共和国モデルは、政治空間において濃厚な目的の統一を実現しようとする。狭隘で紛争指向型の文化的アイデンティティーに代わるものとして、純粋に政治的なアイデンティティーを創造しようとする。自由、平等、博愛の精神のもとに市民の間の絆を文化的なコミュニティーの間の絆のように濃厚なものにしようとするのである。普遍的な共和国のモデルの中心には、宗教や民族に関係なく、全ての市民が取得する民主主義的な参政権がある。全ての市民は平等な空間に入るために原初的な文化的、民族的なアイデンティティーの衣を脱ぎ捨てることを要求される。ということは普遍的な共和国モデルは強烈な同化主義を前提にしているということである。

民族と文化の線に沿って人々を分断するのは市民の間の連帯を妨げるのである。しかし、市民権から得られる見返りが自己の独自の文化と言語を放棄したことによって失われたものに見合わない場合には、人々は同化主義に抵抗するかもしれない。他方、市民権の内容が充実しているときには、自己の文化の喪失を埋め合わせて有り余るものがあるであろう。フランスは元々多言語国家だったが、周辺的な存在だった人々は国民的言語になったフランス語（元々パリ周辺の言語）と国民文化を受容することによって社会的に上昇していく新たな機会を得た。

フランス共和国モデルは文化というものが市民の威厳と自尊心にとって本質的に重要なものであることを軽視していると批判されている。民主主義的な参加と共通のアイデンティティーを重視しすぎる普遍的な共和国モデルは文化的に大きな違いをもつ人々をまとめることができないともいわれる。民主主義が本来もっている全ての人々を包み込むような寛容性のメリットは認めなければならないが、他方民主主義が多数者集団のナショナリズムに引きずられて、多数者集団の民族主義あるいは文化的な排他主義に変わる可能性を秘めていることにも留意しなければならない。

その他にも、フランス型の同化モデルにはいろいろな批判があった。フランス中心主義のナショナリステイックで非リベラルなものではないか。自由、平等、博愛のレトリックを超えたところにあるのは、人々の解放ではなくて、人々をフランス人化することにあるのではないか。フランス型モデルも結局多様なアイデンティティーをもつ人々に単一の文化、言語、考え方を押しつけることに繋がるのではないか。内国植民地主義、外国植民地支配、帝国主義のイデオロギーの道具ではないか云々。

しかし、普遍的な共和国の概念は、国民をあくまでも政治的な概念として理解するところにある。つまり、統一されたコミュニティーとしての国民は文化や言語や人種の純粋性から生まれるのではなくて、あくまでも政治的制度から生まれるのである。過去、フランス型モデルは、他のモデルに比べると、移住してきた外国人をフランス人にしてしまう能力があった。その意味で、フランス国家の概念はエスニック・ネイション（民族的国民）を中核にして考えるドイツや日本の国民国家の概念とは根本的に違っているのである。

フランスの共和国モデルは個人としての市民と国家を出発点にして考えているといってよい。これに対して、一部の学者（例えば、パリ高等師範学校エリック・ファサン教授）の言うところの民主主義モデルは、社会をいくつかのコミュニティーによって構成されているものとみる。共和国モデルでは、国家が社会の上にのしかかる。民主主義モデルでは、社会が国家を支配する。前者では、各人は市民として定義される、そして全ての市民が国民を構成する。後者では、各人はそのコミュニティーによって定義される、そして諸々のコミュニティーの総体が社会をつくる。そこでは文化的な相違、「相違の政治」、民族性のイディオムが重視される。共和国モデルがフランスであるならば、民主主義モデルの典型は米国とカナダであるといわれる。文化複数主義を容認する民主主義とは対照的に、共和国モデルは文化的相違を尊重せず、諸々の違った原初的な文化のうえに「普遍的な文明」を強制しようとするものだとされる。

★　日本のモデル

明治維新以降に形成された日本の「近代的国民国家」の構築原理は強烈な同化主義だった。その犠牲になったのは、アイヌ民族と朝鮮民族である。

アイヌ（元々彼らの言語で「人」を意味する）は現在は主として北海道の一部に在住する日本の先住民族である。彼らの起源、人種系統は今日でも不明で、過去、アジア起源説、ヨーロッパ説、南洋説、朝鮮経由説、アメリカ説、「人種の島」説などが唱えられてきた。アイヌ民族は独自の言語、民俗を保持してきたが、日本各地の地名、文化要素などに多くの痕跡を残している。かつては日本の本土のかなり中央部にまで居住していたが、大和政権によって次第に北方に追いやられたという。蝦夷と称されたものがアイヌと同一であるかどうかについても説が分かれている。

アイヌ民族と大和民族との交渉の神話的記述は日本武尊の東夷遠征にまでさかのぼる。日本におけるアイヌの歴史は在住地域をベースに日本全土在住時代、奥州以北在住時代、北海道独占時代、北海道一部在住時代（現在）に区分される。大和民族国家がアイヌ民族を征服していった方法は、懐柔策、自滅策、同化策である。そのうちでいつの時代にも最も重視されてきたのが同化策である。アイヌ民族の内地移住を奨励すると同時にアイヌの先住地に大和民族を送り込む巧妙な策もとられた。歴史上、アイヌ民族は大和民族の土地収奪、搾取、不正、差別、侮蔑の対象にされてきた。

日本に近代国民国家が成立した明治維新以降も、徹底的な同化政策が推進された。江戸時代にアイヌ民族は農耕をしていたが、アイヌ民族を狩猟採集民族であり、未開な民族であるとする一方的な認識が同化政策を正当化し、推進した。このようにして、北海道に残されたアイヌ民族は日本文化に強引に同化され、日本人との混血も進み、現在では純粋なアイヌ民族は多くなく、大部分のアイヌの人々はアイヌ系日本人と呼ぶのが妥当だともいわれる。現在の人口は一万数千人と推定される。過去、アイヌ民族と大和民族の抗争（後者の不正と侮辱に抗議する反乱）もいくつか記録されている。

日本近代国家はアイヌ民族を少数民族としてそのコミュニティーと文化とアイデンティティーを承認するどころか、「無知蒙昧なる土人」（アイヌ民族）を日本人として同化する政策のもとに戸籍も兵役も教育も日本人と同じ扱いをした。特にアイヌ民族の生活基盤であった先住地の収奪はアイヌ民族の衰退を加速化した。アイヌ民族は自分たちの居住地域をアイヌモシリ（人間の大地）と呼び、全ての自然のなかにカムイ（神）の存在を認める自然観から土地の私有観念をもっていなかった。明治維新政府はアイヌ民族の先住地をいわば無主物として一〇万坪単位で日本人に払い下げるとともにアイヌ民族には一万五〇〇〇坪を限度に土地を払い下げた。アイヌ民族が不毛な新開拓地に定着することは難しかった。アイヌ民族の生活を規制した一八九九年の「北海道旧土人法」はアイヌ文化は無論アイヌ民族自体の存在も否定するような同化主義の差別法であった。

戦後成立された北海道アイヌ協会（後に北海道ウタリ協会と改称）などを中心にアイヌ民族を保護する北海道旧土人法の廃止とアイヌ民族を真に保護する新立法の制定を要求する声が高まった。一九八六年に中曽根首相が国会で行った「日本は単一民族国家である」という問題発言にアイヌの人々が反発、政府は北海道旧土人法の見直しを約束した。その後国連による「世界先住民年」（一九九三年）の宣言、先住民保護条約締結の動きに刺激されて、九七年五月にアイヌ新法（「アイヌ文化の振興並びにアイヌの伝統等に関する知識の普及及び啓発に関する法律」）が成立した。

第一条は「この法律はアイヌの人々の誇りの源泉であるアイヌの伝統及びアイヌ文化が置かれている状況にかんがみ、アイヌ文化の振興並びにアイヌの伝統等に関する知識の普及及び啓発を図るための施策を推進することにより、アイヌの人々の民族としての誇りが尊重される社会の実現を図り、あわせて我が国の多様な文化の発展に寄与することを目的とする」と規定している。この法律に基づき、アイヌ文化の継承者育成、調査研究、広報活動などの文化振興策を主に国の指定する財団法人アイヌ文化振興財団が実施することになっている。しかし、同法は関係者が求めてきたアイヌ民族の先住性も先住権も認めておらず、またアイヌの人々の安定した生活を保障する措置も認めていない。衆参両院の内閣委員会が「先住性は歴史的事実」とする付帯決議を可決しただけである。新法の成立とともに、一八九九年の北海道旧土人法は廃止された。

驚くべきことに日本政府は国連に長年「日本には少数民族は存在しない」と報告してきたから、一九八六年の「中曽根首相発言」(「日本は単一民族国家である」)も日本政府内の一般的な認識を代表していたのであろう。新法はアイヌ民族という言葉を使用していないが、アイヌの人々を日本の少数民族として正式に認知したと解釈していい。因みに九七年の北海道二風谷《にぶたに》ダム建設差し止め訴訟における札幌地裁の判決はアイヌの少数民族性を認知している。新法がアイヌの人々を先住民として認知するのを躊躇したのは、国連で審議されている先住民保護条約がアイヌ民族の問題に与えるインパクトを懸念したものであろう。しかし、多数者集団たる日本民族がアイヌの人たちに行ってきた過去の罪をどう償うかは依然として未解決のまま残された問題である。

一九一〇年に朝鮮を併合すると、日本は朝鮮人に対して過酷な同化政策(皇民化)を進めた。それは、朝鮮人に国語として日本語を強制し、朝鮮人の名前を日本式に創氏改名することを強要するなど朝鮮人の民族的、文化的なアイデンティティーを全く無視するような政策であった。

★ 第二次大戦後に誕生した第三世界の国民国家の形成過程

ヨーロッパでも、近代的な国民国家成立以前からの原初的なコミュニティーの力を馴らし、少数者集団の小ナショナリズム(エスノナショナリズム)を封じ込めて、国民国家が形成されていくまでに多くの時間がかかった。革命と内戦と戦争を通じて多くの血も流されたのである。

冷戦終焉後のバルカン半島では国民国家再形成のためにいまだに多くの血が流されている。だから、第二次大戦後に植民地支配から解放された第三世界（アジア、アフリカ、中近東）の国々がヨーロッパ型の国民国家構築モデルを摸倣するには無理があった。多くの場合、これらの国は多数の原初的なコミュニティーを残存させる異質性の高い多宗教的、多言語的、多民族的な社会をもっていたからだ。これらの国家は旧植民地から誕生したが、欧州列強の画定した植民地国境線は実効支配が可能だったかどうかの理由だけによって引かれたものがほとんどで、植民地化以前の国家、社会、民族的、文化的、宗教的なコミュニティーの間の自然な分断線を無視した恣意的なものだった。社会的、文化的に多元なコミュニティーに対して新興国家の政治的優勢支配を確立するためには、ヨーロッパ型国民国家モデルに修正を加える必要があった。

これらの国は、異質な諸々のコミュニティーを超えたところに国民的な社会を創造することにも、中立性と自立性をもった国家を構築することにも、完全に成功したとはいえない。これらの国民国家がいまだに「宗教紛争」、「民族・部族紛争」、「分離主義」に国家的統合と国民的統一を浸食されている状態にあるのはその何よりの証拠である。

これらの国の多くでは、国民国家は社会の支配的な文化的、宗教的なアイデンティティー集団を取り込む結果に終わっている。つまり、これらの国では、国民を創造する過程で普遍主義に基づく自立性を維持できなかったのである。国民は最初から多数者集団の文化と宗教の概念で形成されたのである。いずれかの文化的、民族的あるいは宗教的な集団と結びついた国家は文化的、宗教的、言語的、民族的な少数者集団を力で従属させる形でしか自らを維持できない。従属させる十分な力に欠けるときには、領土的に集中する少数者集団が別個の国家として独立しようとしたり、国家のなかでの自治権の拡大をめざしたりして、泥沼的な分離自治拡大運動を永続化させるような状況が続いている。

これらの国では国家と社会の多様なコミュニティーの間の葛藤を恒常化させる状況が見られる。国家は変革の主体として同質的な国民社会と近代的な経済を創造しようとするが、多様なコミュニティーは民族的文化的な多数者集団にすぎない国家にそのような役割を果たさせまいと抵抗を続ける。国家はナショナリズムのイデオロギーに訴えるが、それも多数者集団のナショナリズムにすぎないことを見透かされる。こうして少数者集団は国民の概念から排除されてしまうことが多い。他者化された少数者集団は、多数者集団の文化のシンボルを使う国家によって懐柔されるか、封じ込められてしまう。最悪の場合には、政治的な従属状態におかれて、文化的に周辺化されてしまい、衰退・滅亡の道をたどるのである。

文化的に同質的な国民社会という狭隘な考え方が多くの開発途上国に生み出したのは、ますます非寛容になっていく文化的、宗教的、言語的な多数者集団と政治的、経済的、文化的な不安定感を深めていく少数者集団との間の妥協不可能な状態と化した恒常的な対決の構図である（デリー発展途上社会研究センターD・L・シェット研究員）。開発途上国の多くで見られる「民族紛争」は国民国家形成で社会の同質化を推進しすぎるために起きた失敗とみることができる。

ここで指摘しなければならないのは、西洋のリベラル民主主義と開発途上国で起きている現象の決定的な違いである。西洋社会では、同質化作用をする多数者集団の国民文化によって過小評価され、差別され、周辺化されてきた少数者集団の主として文化を守る権利が求められている。これに対して、開発途上国家では、少数者集団に対する文化的な抑圧の問題は重要であるが、国家の権力と機会と資源の分配が少数者集団にとって決定的に不平等かつ不利になっていることが多い。これらの国では多数者集団の国民文化の衣を着た近代的エリートが国家の権力と資源と機会を覇権的に支配しているからである。問題提起が文化的なアイデンティティーを主張する形で行われていても、核心は政治的、社会的、経済的な平等の実現にあるのである。

挑戦を受けているのは国民文化ではなくて現行の国家と社会の政治的、経済的、社会的支配の構造である。新興国家が宗主国の植民地支配の遺産を継承した勢力の支配構造であることも多い。周辺化された人口は特定の地域での特別の権利を要求したり、特定の地域で自分たちを多数者集団に変えることによって不利な状況を是正しようとする。極端な場合には、特定の地域を独立させることによって、現在の国民国家のなかでの不利な状況から脱出しようとする。バングラデッシュ（旧東パキスタン）がパキスタンから独立したのは西パキスタンの支配と搾取の構造からの脱却だった。スリランカのタミール人過激派が国家からの独立を要求しているのも同じ理由からである。

★　移民と国民国家

国民国家は移民国家（米、加、豪、ニュージーランドなど）であれ、そうでない国家（日本、ドイツなど）であれ、グローバル化時代の国境を越える移住によって重大な挑戦を受けている。最近の国境を越える人の移動の増加は、適法な移民、外国人労働者の導入、政治的亡命と難民、不法移民（不法滞在と密入国）を背景にしている。正規の移民と外国人労働者導入の道が塞がれると、家族呼び寄せの道が悪用され、それが塞がれると政治亡命と難民の道が利用された。それが塞がれると不法移民の道になる。現在の不法移民は中国の「蛇頭」をはじめとする国際的な繋がりをもつ犯罪集団の組織化が目立つ。一九九〇年代末以降には各先進工業国が人口の高齢化・小子化による情報技術者、工業技師、科学者、各種の特殊専門家の慢性的不足に対処するためにこれらのカテゴリーの外国人労働者の導入に積極的に取り組む姿勢を明確にしている。

国家は人の国際移動の原因をつくる一方で、それを制限することにも苦慮している。理由は政治コミュニティーとしての国民国家は一定のメンバーシップ資格（伝統的に「国籍」あるいは「市民権」と呼ばれているもの。以下同じ）というものを前提に成り立っているからである。グローバル化とともに出国の自由と入国の不自由のアンバランスが目立っている。国家はグローバル化の開放の論理に抵抗するために入国管理の締め付けを強化しているが、それでも、伝統的な非移民国家である先進工業国のほとんどで移民集団、外国人集団をどう扱うかが国家の主要な課題になっている。国家は国境の管理を必死になって維持していかなければならない。他方、人として移民、外国人を保護しようとする要求がある。民族的な国民（エスニック・ネイション）と文化の純粋性（モノカルチャー）の概念に反対する多文化主義の要求も強まっている。

伝統的な市民権（国家のメンバーシップ）の内容と価値も変化しようとしている。国民国家のメンバーシップが伝統的な「国籍」あるいは「市民権」の範囲を超えて多岐化していく傾向さえある。伝統的な国民国家のモデル（非移民型）に固執して民族と文化の多様化の傾向を封じ込めようとする国家もある。

移民と外国人の流入によって最大の挑戦を受けているのは国民国家の市民権（国籍）の内容である。フランス革命以来、市民権（市民の地位）は民主主義国家の単一の平等な会員資格として理解されてきた。市民権の内容を成すのは政治コミュニティーとしての国民国家の全てのメンバーに等しく与えられる一組の権利義務である。それは国民国家のメンバーである者（自己たる国民）とメンバーでない者（他者たる外国人）を区別する排除のメカニズムでもあった。各国に居住している移民の地位は市民権（国籍）のもつ外国人排除の機能を浮き彫りにしてきた。他方、移民は国民国家の会員資格のカテゴリーを多様化もしてきた。多くの移民は完全な市民権以下の某《なにがし》かの地位を享受している。例えば、米国には「永久居住外国人」（Permanent Resident Aliens）という在留資格がある。欧州、大洋州、日本などには、伝統的に国民だけに与えられてきた政治的権利を外国人にも与えようとする運動がある。地方参政権についてはいくつかの国で実現している。

市民権（国籍）は法的な地位であるばかりでなく、アイデンティティーでもある。アイデンティティーとしての市民権は一定の共通の文化（平等な市民によって共有される価値観と理解）のうえに成り立っている。だから、国民国家のメンバーの民族を多様化させる作用をもつ移民は近代国民国家の国民構成原理（ネイションフッド）と国民国家の原則（政治的文化的な基盤の共通性）に対する挑戦を意味する。移民は伝統的な国民国家を分解するような遠心力として作用する面ももっている。

台頭する多文化主義の要求が問題をいっそう複雑にする。多文化主義は、移民受け入れ国は移民集団が自分たちの文化的なアイデンティティーを維持するのを許さなければならないと主張することによって、伝統的な同化の原則を否定する。移民の文化とアイデンティティーは、市民社会の私的な空間で問題にされるだけでなく、公の政策として公の政治空間でも要求されるからである。

移民の態度の変化も国民国家に問題を投げかけている。つまり、移民は現地社会に吸収されようとする気持ちが少なくなっている。帰化する者が減っている。帰化してもそれが移住先の国に対する忠誠心の移転を意味しない。国籍（市民権）の取得がもたらす具体的な権利義務と便益だけが問題にされる。情報通信革命と運輸革命の時代には、移民は「移住先の国の人になる」必要を感じないかもしれない。片道切符の移住の時代は終わったのである。

「いつでも国（出身国）に帰る」ことが可能になっている。「郷に入れば、郷に従う」気持ちも減っている。流浪（ディアスポーラ）が現在に移民の普通の生き方になっているのである。自分の出身国とコミュニティーの文化に対する忠誠心を捨てる気持ちもない。入国が可能で、経済的社会的に魅力がある自由な国があれば、世界のどこにでも居住地を選択できると思っているふしもある。他方で、被移住国家では、国民国家の伝統的なアイデンティティーを守るために、特定の移民（有色人種）には同化してもらいたくないという気持ちも社会の支配的多数者集団（白人社会）のなかにある。国民国家と移民の問題は移住国家と非移住国家の間で大きく違っているし、移住国家の間でも、非移住国家の間でもそれぞれ問題の性格は違っている。この点については後述する。

★ 国民文化とナショナリズム

国民文化には何度も言及してきたが、ここでその意味について少し検討したい。国民国家は国民と国民文化を意識的に創造していかなければならないこと、国民国家の形成は国家権力が確立されていく過程であると同時に国民文化が意識的努力によって形成されていく過程でもあることは既に述べた。国家権力は一定の政治思想（専制王政、立憲王制、民主主義、共産主義、一党独裁制など）を基礎に確立される。それは国民生活を規制する国民的な政治文化をなし、国民文化の一部をなす。しかし、もっと広義の国民文化（国民国家の主流の文化）の座に収まるのはどのような文化であろうか。

第一の場合は、既に何度も述べたように国民国家のなかの支配的な集団の文化が「国民文化」になるときである。支配的な集団は少数者集団であることもあるが（旧南アフリカの白人）、通常は多数者集団であろう。多数者集団の文化が国民文化として少数者集団に押しつけられるとき、そのために露骨な方法がとられることもあるが、普通は微妙で目立たない方法が採用されることが多い。歴史的に見ると、少数者集団の文化は抹殺されるか、周辺化されるか、衰退を余儀なくされた。

第二の場合は、複数の集団の文化の間にある「中立的な文化」が国民文化になるときである。例えば、多数者集団と少数者集団のそれぞれの伝統的な文化の枠組みのなかに導入された西洋文化（植民支配者の母国文化）である。植民地支配から独立した国民国家の場合、植民地支配者の国民文化（英国、フランス、スペイン、ポルトガル等の国民文化）が独立国の国民文化として一時的にせよ機能する。

第三の場合は、既存の全ての文化によってつくりあげられている複合・折衷文化が国民文化になるときである。各文化が国民文化に寄与している程度は無論違う。

純粋な文化なるものは、国粋主義者や原理主義者がデッチあげ、発明する嘘の文化である。例えば、現代インドの国民文化は多数者集団（ヒンズー教徒）の支配的文化、インドのその他の各種文化、インド固有の複合・折衷文化、インドの諸々の文化の上部構造をなす英国文化から構成されているといってよい。しかし、現在の問題はヒンズー至上主義者の政治勢力（インド人民党）が多数者集団の文化をもって国家を運営しようとしているために少数者集団の生息空間が狭められていることである。インドでは、ヒンズー文化自体が複合文化であるが、ヒンズー主義者が現在やろうとしているのは、原理主義者や宗派主義者の常套手段である歴史と伝統の新発明を通じて彼らのいうところの「ヒンズー文化を純粋化する」ことである。

伝統的に国民国家は国民から絶対的な忠誠心を求めてきた。そのために利用されてきたイデオロギーがナショナリズムである。国民国家のイデオロギーとしてのナショナリズムは国民文化に対する愛着心の強要である。しかし、グローバル化の過程が進むに従い、伝統的に国家が国民に対してもってきた統率力が弛緩している。国民にとってもはや国家がだけが全てではない。すなわち、国民は忠誠心と服従の対象を多様化させているのである。世界の多くの地域で、国民は自分が生来属しているコミュニティー（民族、種族、宗教コミュニティーなど）や文化に対する帰属意識あるいは愛着心の大切なことを再発見しているようにみえる。つまり、国家とそのなかの諸々のコミュニティーは国民の忠誠心を求めて競争しなければならない関係にある。コミュニティーに対する愛着心がサブナショナリズム（小ナショナリズム）である。

国家のイデオロギーとしてのナショナリズムは国民に対して過剰な要求をしすぎたり、頑迷で教条的なものになりがちである。イデオロギーとしてのナショナリズムは全てを国家と国民文化に対する忠誠心と愛着心に従属させてしまうような考え方である。

ところが人間は誰でも多くの愛着心をもっている。人間の生活はいろいろな愛着心によって形づくられている。社会生活面では、人間の愛着心は集団、階級、その他種々のカテゴリーに向けられている。それは家系であったり、カースト、部族、民族、人種、言語、宗教、文化、出生、生活スタイルに基づく共同体であったりする。イデオロギーとしてのナショナリズムも人が多重な社会的愛着心をもっていることを認めはするが、問題はこれらの諸々の愛着心のうちの唯一つのもの（国民国家と国民文化）に対して、全てに優先するような絶対的な道徳価値を与えようとすることである。

だから、イデオロギーとしてのナショナリズムはこれらの多様な愛着心が国家と国民文化に対する愛着心を弱めているとみるときには、非難をはじめ、あるいは攻撃的、抑圧的な態度にでる。ナショナリズムは愛着心の複数主義ではなくて、それらの間の絶対的な優劣の序列についての強い信仰に支えられている。社会的愛着心に階層性があるという意識に社会秩序が危機に瀕しているという認識が重なるとき、ナショナリズムは極端な形をとる危険がある。愛着心の複数主義が否定されるときには、リベラリズムも民主主義も否定されてしまう（デリー・スクール・オブ・エコノミックス・アンドレ・ベテーユ教授）。愛着心の複数主義が重視されない社会では多文化主義的な寛容精神は不可能になる。

イデオロギーとしてのナショナリズムが以前のような魅力を失ったとされる理由のひとつは、これまでの国民国家が無能で全ての国民の精神的、物質的願望を十分満足させることができなくなっているという面がある。多くの場合、国民全体あるいは国民の一部の願望に対して抑圧的になる傾向があるということであろう。国家が過去、弱小な階層と少数者集団のコミュニティーと宗教と文化に対して残忍に振る舞ってきたこともある。人々が現在、全面的にといわないまでも、愛着心と忠誠心を国家からそれ以外の彼らの独自のコミュニティーに移しているのはそのような背景があってのことであろう。

先進工業国の都市中間層の間には、国民国家は衰退の途上にあるという幻影がある。欧米のリベラル民主主義国家では、少数者集団の権利や人権の問題にいっそうの関心が寄せられるようになっている。ポスト植民地時代に誕生した開発途上国、ポスト冷戦時代に誕生した新興国は、国民国家の基礎固めのためになお奮闘中である。しかし、イデオロギーとしてのナショナリズムだけで国民国家のそのような努力が成功する時代は既に終わったといってよい。人々が複数の国家と社会の間をより自由に越境できるグローバル化時代には、人々は複数の国家と社会に同時に愛着心をもつような文化とアイデンティティーの多重性をもちながら生きているのである。

★　宗教とナショナリズム

近代的な国民国家の形成は世俗権力が宗教権力の支配を排除していくという形をとった。それゆえに政治的な統一と国民意識を滋養するのに宗教的な統一に依存する必要はなかった。政治的、歴史的、文化的な要因がもっとも重要だった。特定の宗教と結びつくことはむしろ近代国民国家の国民統一に有害だった。

西洋の国民国家は共有された言語的文化的遺産と将来の経済ビジョンを基礎にして誕生したものである。ポスト植民地時代に誕生した国民国家には、その形成に宗教が重要な役割を果たしたかのように見えるケースもある。これらの国家が誕生した基礎になった欧州の植民地主義帝国は、宗教的、言語的に同質的な地域に植民地を築いたわけではない。植民地支配の下で統一されていた多文化、多言語、多宗教の地域に植民地支配者が去ったときに国民国家が成立したのである。例えば、インドでは英国が植民地支配を終えようとしたときに国民国家の概念をめぐって国内の対立が生まれた。モスレム社会の代表と称したモスレム連盟は複合ナショナリズムを否定して、宗教ナショナリズムの理論を提唱した。それは、インド亜大陸で宗教ナショナリズムが最初に提唱されたときだった。

それ以前のナショナリズムは共有された歴史、集団的記憶、文化、言語、民族と結びついていた。宗教ナショナリズムの担い手になったのは、モスレムの宗教指導者ではなくて、モスレム社会の世俗エリートだった。英領インドからパキスタンを分離させる二国家論は政治権力を掌握したいという世俗エリートの政治的な願望によるもので、宗教に基づくものではなかった。つまり、それはヒンズー教とイスラム教の神学の対立によって生まれたものでなくて、ヒンズー教徒とモスレムの世俗エリートの間に展開された政治権力闘争の所産だった。イスラム宗教指導者は複合ナショナリズムの支持者で二国家論を否定していたのである。

イスラムが国民国家とナショナリズムの基礎であるならば、イスラム国家の数はもっと少なくていいはずである。ポスト植民地時代に同一地域にいくつかのモスレム国家が誕生している。パキスタン、アフガニスタン、イラン、中央アジアのイスラム国家は領土的に隣接している。しかし、これらの国民は異なった国民国家を形成している。もっとも基本的にはイスラム世界は文化的に同質的な一枚岩ではなく、異なった多様なイスラム社会から成り立っている。同じ国家のなかでもモスレムは異なった多様なイスラム社会を構成しているのである。

世界各地のモスレムは異なった文化とアイデンティティーをもっている。国民の形成にはアイデンティティーがもっとも重要な要素である。アイデンティティーの基礎は共有された歴史、集団的記憶、言語、文化などである。宗教は共通であることもそうでないこともある。宗教だけでナショナリズムが生き延びられるような国民的一体感の基礎は構築できない。古典的なヨーロッパ近代国家モデルも、キリスト教は共通の要因だったが、ヨーロッパは言語と文化と民族を基礎にしていくつかの国民国家に分裂していったのである。共通の政治コミュニティーと国民を共有するという感情は、宗教ではなくて、政治的、歴史的、民族的、文化的な要素などに支えられている。宗教は国民国家とナショナリズムを支える範疇としては意外に脆弱である。要するに宗教ナショナリズムよりも複合ナショナリズムの方が生き残る能力において遥かに優れているのである。

6　多数者集団と少数者集団の対立の論理と構図

★　はじめに

本題にはいる前に、一つの国民国家のなかで複数のコミュニティーが共生している態様について述べたい。

第一は、二つ以上のコミュニティーがタテ構造の階層秩序をつくって共存している形である。つまり、一つの支配的なコミュニティーがあって、それに他のコミュニティーが従属しているのである。複数のコミュニティーの間の文化的な違いは維持されているが、他のコミュニティーを不平等に扱うという従属的な状態で維持されている。このような国民国家のあり方は現代のリベラル民主主義の価値観上問題なケースで多文化主義の以前の問題である。

第二は、全てのコミュニティーを平等とみなすが、しかし、その間の平等を維持する方法として文化的な相違をいっさい無視してしまう。人々は平等である。というのは、特定のコミュニティーのメンバーであることが重要でないとみなされるからである。考慮に値するのは、個人としての地位と抽象的な文化的に無色な政治コミュニティーのメンバー（市民）であることだけである。これはフランスの共和国モデルを徹底したケースである。個人の生活にとって独自の文化とコミュニティーが重要で、その表現が公の空間でも許されるべきだと考える現在の思潮のもとでは、国家のあり方としてはいささか旧弊にすぎると批判されるかもしれない。

第三は、文化的に違った集団をなしている人々を平等とみなすことである。人々が特定の文化コミュニティーのメンバーであることが重要であるとみる。それだけでなく、違った文化的なコミュニティーの間の平等も同じように重要とみなす。現在の多文化主義の共生の仕方であるといえる。そこでは社会の全ての人々が承認される。いかなるコミュニティーもそのメンバーも他のコミュニティーとそのメンバーを従属させることが許されない。文化的なアイデンティティーを断念することを参加の条件にするような政治のあり方も許されない。文化的なアイデンティティーを捨てなければ、自由で平等な市民権が取得できなくするような体制も認められない。国家はコミュニティーと人々が独自の文化を自由に表現しながら幸福に生きることを積極的に奨励しなければならないのである（ランジーブ・バルガーバ教授）。

★ 多数者集団、少数者集団とは何か

複数のコミュニティーが共生していれば、お互いに多数者集団と少数者集団の違い（自己と他者）を感じながら、生活しているに違いない。ここでは、多文化主義の中心的なイディオムである少数者集団の意味を検討する。

人々に選択権を行使させて、特定の願望を決めさせる。その結果を数的に総計することによって多数と少数が得られる。民主主義の表決原理に基づく多数と少数の概念である。そこでは人々がたまたまもっている願望だけが問題になる。本書で問題にする多数者集団と少数者集団の概念はそのようなものではない。それは個人が自己の恒常的な社会的属性を認識し、自己と他者の違いを定義することによって得られる概念である。個人の恒常的な社会的属性はその人のアイデンティティーである。前述したように、アイデンティティーは「私は誰でしょう?」という問いかけである。しかし、個人のアイデンティティーはその人の属する文化とコミュニティーを背景にしなくては形成されないものである。

同じように多数者集団も少数者集団もアイデンティティーを構成するような社会的な属性によって形成される。一九九八年版の『オックスフォード英語辞典』は少数者集団を「相対的に小さい集団の人、特に人種、宗教、言語、政治的信念において他と違っているためにコミュニティー、社会、国民

のなかで普通差別されている集団」と定義している。

少数者集団は第一に、他者よりも数的に小さい。第二に、一つ以上の集団的な属性において他者と違っている。第三に、数と性質において違うために偏見をもって見られ、差別され、不利な取り扱いを受ける。最後の点は重要である。アイデンティティーとしての少数者集団は、数的に劣っていても不利に扱われていなければ、少数者集団として議論する意味はないのである。

上記の考え方に従うとき、多数者集団と少数者集団を数の大小だけで理解するだけでは不十分で、両者を対決の構図において理解する必要がある。つまり、第一にそれぞれの集団が自己を多数者または少数者と認識しなければならない。自己による認識だけでなく、他者の認識も必要なのである。第二に、集団が自分たちのもつアイデンティティーに何らかの社会的、政治的秩序の構造（自分たちの住む世界）を形成する力があると信じなければならない。第三に、そのように信じているにもかかわらず、そのような力を行使できないでいるという不能感が重なるときに、不利な状態におかれているという認識が生まれるのである。特に少数者集団の意識が生まれるのは、国民国家による差別を感じるときである。換言すれば、国民国家のなかで不利を感じるときに自分たちが少数者集団であることを思い知らされるのである。数的に小さいときに周辺化と脆弱性の気持ちが高まるであろうが、それだけでは少数者集団意識が生まれる必要十分条件ではない。コミュニティーの数的な規模は国民国家によって周辺化され、差別されるときに心配の種になるのである。

このような不利感が恒常的な不安定感に転化するときに、多数者集団対少数者集団の構図にはまりこんだ心理的な症候群（シンドローム）が生まれる。そのシンドロームは、自己と他者の間、優越者と劣等者の間、支配者と被支配者の間の葛藤の形をとる。

現在、西洋のリベラル民主主義で少数者集団の権利が問題になっているのは、西洋社会で社会共同体生活（コミュニティー・ライフ）が衰退しているからである。政治哲学が少数者集団の権利を弁護するようになったのは、以前には政治過程から排除されていたコミュニティーの全てのメンバーに対して市民としての完全な権利が既に与えられている時代になったからである。現在の西洋では少数者集団の権利についての議論は圧倒的にコミュニティーの文化の権利に関するものである。

国民国家のなかで少数者集団の文化が過小評価されている、周辺化されているといってコミュニティーの権利を主張しているのである。そう主張することによって、国家の文化的な偏見を是正し、少数者集団の文化を守ろうとしているのである。少数者集団の権利主張は主に移住者と先住民から出ている。彼らは国家の政治の周辺に生きてきた人々であるから、彼らの要求によって西洋のリベラル民主主義の政治文化が大きく影響されることもない。多くの場合、文化的な複数主義を導入することまでは考えられておらず、せいぜいリベラル民主主義の枠内で伝統的に同質的なものとされてきた市民権の内容をリベラルな立場から解釈し直す程度のことにとどまっている。少数者集団が行っているのは、同質化の作用をもつような国民国家の社会、文化、教育のあり方を問題にすることである。つまり、国家の文化的な習慣とシンボルが少数者集団に対する差別とその周辺化の原因になっており、多数者集団（白人）が少数者集団（有色人種）を人種差別の対象にしていることなのである。

他方、第三世界の国民国家は多数のコミュニティーの影響力が強く残る前近代的な空間のなかで一つの国民社会をつくらねばならなかった。前述したように国民社会は多数のコミュニティーの文化を超越する政治コミュニティーである。政治エリートは、ナショナリズムを社会動員戦略として使ってきたが、ナショナリズムも多くの場合、多数者集団の民族と文化のイディオムを基盤にしていた。

ところで、多数者集団主義（マジョリタリアニズム）も少数者集団主義（ミノリタリアニズム）も共通の間違いを犯す。どちらも、コミュニティーの内部にあるさまざまな違いを見ずに、あくまでも同質的な一枚岩と見る。コミュニティーが宗教的なものに根ざしていることが多いことも一因である。それだけにコミュニティーの習慣を維持することについて、非常に教条的になりがちである。多数者集団は国民的なアイデンティティを多数者集団の文化のもとにつくろうとする。少数者集団はそれに警戒する。それぞれが別個のコミュニティーになろうとする。少数者集団は国民国家の現在の体制のもとでは、権力と資源と機会にフルにアクセスできないと思いがちである。それだからこそ、少数者集団はそこでは多数者集団になれるように特別の地域を画定しようとする。あるいは国民国家から分離独立する夢に生きる。多数者集団も少数者集団も共通の市民権が必要だということが十分に認識できないでいるのである。

★　多数者集団と少数者集団の地位の相対性

伝統的に少数者集団と多数者集団の対決の構図は一つの国民国家の枠組みのなかだけで考えられてきた。しかし、両者間の関係は国家間の安全保障に重大な影響を与える性格ももっている。その理由のために、国家は少数者集団自体に集団的権利を与えることに警戒する。集団的権利を与えれば、最終的には国民（ネイションフッド）を形成する権利と分離を要求するところまで行き着くのではないかと恐れるからである。その恐怖は、分離する集団が政治的合併、軍事外交同盟によって隣国に加わるとみられるときには特に大きくなる。

例えば、日本においても在日韓国・朝鮮人（特別永住者）に地方参政権を与えることに反対する議論のうちに、国政と地方自治体行政は関連しており、特別永住者に地方参政権を与えれば国の安全保障に関係する機微な情報（日米安全保障ガイドラインなどに従って、有事の場合には、地方自治体も自衛隊の活動を促進する諸々の行動をとらねばならない）にアクセスでき、わが国の安全保障上の利益を害することになる云々がある。その意味で少数者集団の権利を考えるときには、国際の平和と安全を考慮する視点も無視できないとされるのである。

少数者集団と多数者集団にとって自己の属する国民国家と国際社会に対する理解は内外逆転する。少数者集団にとっては、自己が服従させられている国民国家は粗暴な力とアナーキーが支配する「他者の空間」（外なる空間）になる。そして、国際社会は理性と正義が支配する良き政治の空間（内なる空間）になる。少数者集団が正義と権利の実現を求めて、国際社会に訴え出るのはそのためである。例えば、米国、カナダ、豪州の先住民（あるいは日本のアイヌの人々さえも）自国の憲法や最高裁判所よりも国際社会に正義の実現を求める。自分たちを抑圧してきた自国の憲法や最高裁判所を信じていないからである。

少数者集団と多数者集団の構図は非常に相対的なものである。時間と場所が変われば、両者の地位は逆転する。それは究極的には全ての集団が自己を脆弱な少数者集団と考えるような心理になることを意味する。時間と場所が変わることによって、誰もが自分を数において劣るためにあるいは宗教的な違いなどのために不利な取り扱いを受ける集団に属するとみなすことがありうるのである。というのは、数は一つの国家のなかだけでなく、他の国家のなかでも、地域的なレベルでも、グローバルなレベルでも行われるからである。

例えば、日本人と韓国人の関係を考えてみよう。日本では日本人が多数者集団で在日韓国人は少数者集団である。しかし、在日韓国人が集中する特定の都市の特定の地域に行けば、日本人は少数者集団になる。韓国に行けば、日本人はいうまでもなく少数者集団になり、米国に行けば、両者とも少数者集団になる。ところ変わって少数者集団の立場に置かれれば、他のところでは多数者集団である集団も少数者集団の不安の心理症候群に犯される。

誰もが自分を少数者集団と考えるときに起きるのが「マイノリティー・ディレンマ」という現象である。誰もが自分を少数者集団と考えるから、多数者集団の支配（現実のあるいは幻想の）から自分を守ろうと努力する。一つの集団にとっての「防衛」はもう一つの集団にとって「攻撃」と映るのである。誰もが防衛と攻撃の違いを区別できなくなって、防衛だとみなす措置をもって対応しようとする。このような状況において起きる競り合い（エスカレーション）の悪循環が国際関係論でいうところの「安全保障ディレンマ」（ジョン・ハーツ）である（カンチー・バジパイ助教授）。

★　少数者集団の国際的保護

国連憲章は基本的人権に承認を与えた最初の国際条約である。前文は基本的人権に対する信念を表明し、第一条は人種、性、言語、宗教の区別なく、社会的、民族的属性に関係なく、全ての人のために人権と基本的自由を促進し、奨励することを謳っている。国連憲章自体は人権の内容を特定せずに総会、経済社会理事会、人権委員会に任務を託している。国連創設以来、国連機関は八〇件以上の人権関係の文書を採択してきた。その範囲は女性差別禁止、児童保護、拷問その他の非人間的な取り扱い・処罰の禁止、避難民・移民労働者・無国籍者・少数者集団の保護、人種的・宗教的・差別の禁止、強制労働の禁止、奴隷禁止、ジェノサイド禁止、先住民の保護などに及ぶ。世界人権宣言（UDHR・一九四八年）、市民的政治的権利に関する国際規約（ICCPR・一九六六年）、経済的社会的文化的権利に関する国際規約（ICESCR・一九六六年）は国際権利憲章（IBR）と呼ばれている。

国際連盟と違って、国連は少数者集団（少数民族）の権利に真剣な関心を寄せるのを意図的に避けてきた観がある。国際連盟の失敗に懲りているからである。国連は「少数者集団」ではなくて、「全ての人」の権利の促進と保護を定めるというアプローチをとっている。国連の人権レジームは「権利の主体を個人とすること」と「規定を普遍的に適用すること」に焦点を置いている。

一七世紀以降の国際条約、特に第一次世界大戦以降の多角的な国際条約は宗教的その他の少数者集団を保護する規定を含んできた。国連憲章は少数民族の保護のための規定を含んでいない。しかし、この問題に国連が関心がないというわけではない。国連の人権関係の諸文書は、人種、皮膚の色、宗教、国民的社会的出身、財産、出生、その他の地位に基づく差別を禁止する規定を含んでいる。市民的、政治的権利に関する国際規約の第二七条には少数民族に属する人の権利についての規定がある。一九九二年一二月一八日には、国連は「民族的、宗教的、言語的な少数者集団に属する人の権利に関する宣言」を採択している。

米国のウッドロ・ウィルソン大統領は民族自決、少数民族、宗教の自由に関する広範な規定を国際連盟規約に含めることを提案したが、成功しなかった。しかし、国際連盟はベルサイユ平和会議の結果締結された東欧バルカン諸国との平和諸条約の実施を監視する任務を託された。これらの条約が少数民族の保護に関する規定を含んでいたからである。一九三〇年から三二年までの二年間に国際連盟は少数民族から三〇五件の請願を受けたが、そのうち認められたのは一五三件にすぎなかった。これらの請願の内容は私立学校の廃校、偏見のある教科書の使用や少数民族の言語使用の制限、少数民族の土地所有者に不利な農業改革、就職における差別、恩給権の拒否、市民権の拒否、官憲による暴力・抑圧・脅迫・テロ行為など多岐に及んでいた。国際連盟は小さな事柄には成功したが、少数民族と多数民族の平和共存という大きな問題に成功したとはいえない。

国連は国際連盟の失敗に懲りてプラグマティックなアプローチを選択した。国連が「少数民族の権利」ではなくて、「全ての人の人権」を語るのはそれを象徴している。国連事務局とソ連、旧ユーゴなどは、世界人権宣言、人権規約のなかに独自の言語を使用し、独自の学校と文化機関を維持する少数民族の権利に関する規定を挿入しようとしたが、中国、インド、英国が反対した経緯がある。妥協案として、国連総会は一九四八年一二月一〇日に「少数民族の運命」(Fate of Minorities) と題する決議を採択して、経済社会理事会と人権委員会に問題を検討させた。

「市民的、政治的権利に関する国際規約」(一九七六年発効) は民族的、宗教的、言語的な少数者集団に属する人の権利に関する規定 (第二七条) を含んでいる。この規定を起草するときにソ連は保護の対象を「国民的少数者集団」に限定しようとしたが、他の国は民族的、宗教的、文化的な少数者集団の保護も規定の対象にしようとして意見が対立した。また、少数者集団自体に法人格と権利をもたせることに反対する声が起きて、「少数者集団に属する人」という規定の仕方になった。

少数者集団の定義は昔から議論を呼んできた。国連でも議論を呼び、定義の採択を放棄した経緯がある。国際連盟の司法裁判所である常設国際司法裁判所は「ギリシャ・ブルガリア事件」で少数者集団の意味が問題になったとき、それ自体を直接的に定義せずに次のようにコミュニティーを定義したことがある。

伝統によってコミュニティーは、一定の国または地方に住み、独自の人種、宗教、言語、伝統をもち、これらを維持し、信仰の形態を維持し、自己の精神と伝統に従って子弟の教育と養育を確保し、相互に援助し合うべく連帯感をもって、人種、宗教、言語、伝統のアイデンティティーによって統一されている人の集団である。

前述したところからも明らかのように、この定義は多数者集団と共存している少数者集団の不利な立場という要素を欠いており、少数者集団の定義としては不十分である。「民族的、宗教的、言語的な少数者集団に属する人の権利」を検討していた国連のカポトルティ委員会の報告書の少数者集団の定義は次のとおりである。

一つの国家の人口のうちの他の部分よりも数的に劣る集団であって、非支配的な地位にあり、そのメンバー（国家のメンバーであるが）が人口の他の人たちと違った民族的、宗教的、言語的な特性をもち、しかも暗黙的にではあるが、自分たちの文化、伝統、宗教、言語を維持しようとする連帯感をもつような集団。

「少数者集団に関する宣言案」を作成した「少数者集団の差別禁止と保護に関する国連小委員会」も少数者集団の定義を採択しなかった。欧州評議会が採択した「国民的少数者集団の保護のための枠組み条約」も少数者集団の定義を含んでいない。

少数者集団、それに属する人に対する特別の権利保護を規定する国際文書は、「ジェノサイド協定」（一九五〇年）、「あらゆる形態の人種差別の撤廃に関する国際条約」（六五年）、「経済的社会的文化的権利に関する国際規約」（六六年）、「宗教または信仰に基づくあらゆる形態の非寛容と差別の撤廃に関する宣言」（八一年）、「児童に関する権利憲章」（八九年）、「人種主義と人種差別と闘う世界会議の二つの宣言」（七八年、八三年）、「教育における差別に反対するユネスコ条約」、「人種と人種的偏見に関するユネスコ宣言」、「先住民の権利に関する宣言」などであるが、少数者集団の定義を原則として含まない。「先住民に対する差別問題に関するマルティネス・カーポ報告書」は先住民を次のように定義している。

先住コミュニティー、人々、国民とは、彼らの領土に発展した、前侵略時代、前植民地時代の社会との歴史的な連続性をもち、自らをそれらの領土またはその一部に現在存在する社会の人たちと違っているとと見なす人たちである。彼らは、現在の非支配的な部分をなしているが、彼らの先祖代々の領土、民族的なアイデンティティーを独自の文化的なパターン、社会的制度、法制度に従って、かつ人々（国民）としての継続的な生存の基礎として、維持し、発展させ、将来世代に伝えようとする決意をしている人々である」（アリガール・ムスリム大学A・P・ビジャプール教授）。

国際労働機関に続き、国連も一九七〇年代後半以降に外国人労働者の権利保護に対する関心を高め、検討をしてきたが、一九九〇年に「全ての移住労働者とその家族の権利保護に関する条約」を採択した。この条約は権利を「人間としての権利」、「適法な外国人労働者（正規な在留資格をもっている者、正規の就労許可をもって入国した者）の権利」に分類しながら、外国人に対して伝統的に認められてきた既存の権利を確認する一方、外国人労働者に与えられるべき新しい特別の権利として不当な強制退去を受けない権利、家族呼び寄せなどの家族権などを規定している。条約は不法就労者の雇用防止に意を用いているが、他方不法就労者の緊急治療を受ける権利、彼らの子供の教育を受ける権利に言及している。現在署名・批准のために開かれているが、米国、ドイツ、英国、日本などの主要国はいまだに署名していない。

7　なぜ多文化主義が必要か——正当化の議論

★　はじめに

先住民、移民、人種的・民族的・宗教的・言語的少数者集団、生活スタイル集団（ゲイ、レスビアン）などが正義の名において、彼らの文化的な独自性と相違を認めよ、それにふさわしい特別の権利を与えよと要求するときに、それを正当化する理由づけが必要になった。多文化主義はそのような正当化の議論として提唱された。

多文化主義の擁護派が正義の理由で国家は諸々の文化の違いを承認しなければならないと言えば、反対派も正義の理由で国家は文化の違いを無視しなければならないと主張する。学者は文化の違いを無視する国家の立場を「文化的に色盲」「文化的に無色」「文化的に中立」であるなどと表現する。それが意味するのは、自由、平等、博愛の原則が支配する市民社会を基礎にする国家は市民の間の文化の相違を考慮しないということである。特定の集団に属することを理由にして一定の権利を与えるのは、本質的に差別的なことで、そういうことをすれば、市民社会のなかに第一級の市民と第二級の市民の区別をつくることになると批判されるのである。

多文化主義という言葉が最初に公式に使用されたのはカナダで一九七一年のことである。八〇年代の多文化主義の議論は、主に文化を普遍的なものとみる（普遍主義）かそれとも相対的なものとみる（相対主義）かをめぐって展開されるような抽象論が目立った。現在の世界では、異文化の対話と共存が現実に起きていること、それが可能なことが広く認識されている。そのような現実を背景にして、議論の中心は諸々の文化の相違を容認するような国家の生き方の問題、すなわち、国家の政策としての多文化主義を要求することに移ってきている。

多文化主義を唱える人たちは、集団の文化的な特性を表現する権利は個人主義の政治理論に基づく政策では満たされない。少数者集団の権利は個人主義的な人権の概念では対処できないと主張する。近代的な憲法は、あくまでも、法人格としての個人に焦点を合わせ、個人の自由と権利を保護するという視点に立って制定されている。多文化主義は集団の目標を実現するような政治、集団の相違を実現するような政治を意味するものだと主張される。それは集団のアイデンティティーを政治問題化して、共通の法のもとの形式的な平等の原則を修正しようとするものだといわれる。多文化主義を要求する声は、全ての文化的なコミュニティーに対して共通の法を一律に適用すれば、一部のコミュニティーに不当な負担を与え、実質的な不平等が生まれると議論する。

これに対して、啓蒙主義の立場に立つ西洋の近代的政治思想は、全ての市民が共通の言語と文化を共有しているような理想的な政治コミュニティーの存在を前提にしている。近代的な国家のなかでは、全ての市民は文化的に無色で平等な市民であると考えられている。近代国家と近代社会は、違った要求をする違ったコミュニティーの存在を克服した暁に誕生したものとされる。それ故にそこでは公の空間において少数者集団の権利、市民の間の文化的な相違を承認する余地はないとされる。その意味で、多文化主義は西洋の近代的な政治理論を修正しようとしているといえる。

多文化主義は、多数者集団の批判を予想して、建前として全ての文化と集団の保護を対象にするが、本音はあくまでも少数者集団を保護するためのものである。少数者集団に対する特別の保護を正当化するために展開されてきた主な議論は次のとおりである。第一は、文化の多様性自体に価値がある、だからそれを保護しなければならない（多様性の議論）。第二は、全ての個人にとって人たるためにはアイデンティティーというものが重要である、文化はアイデンティティーの基礎をなす、それ故にアイデンティティーの源泉である多様な文化を守らなければならない（アイデンティティーの議論）。第三は、過去の不正義に対する償いであるという議論（集団的不利救済の議論）である。最後は、諸々の集団が連邦を形成する形で国民国家を成立させた歴史的な経緯を尊重しなければならないというものである（歴史的経緯の議論）。

★　多様性の議論

多様性の議論には、違った世界観と生活世界、つまり違った信条、価値体系、習慣習俗、儀式、伝統、美意識は、人類全体の共通遺産を成し、それを豊かにするのに貢献するという基本的な考え方がある。フランスの作家アンドレ・マルローはそれを「人類資産」と呼ぶ。全ての文化は、外部環境から何かを抽象し、シンボルを創造し、シンボルに違った意味を与え、違った生活様式（すなわち文化）を形成していく人間の特有な能力の生み出した結果である。正にその理由によって、人類の多様性自体に価値があるというのである。そして多様性の議論は次のように展開される。

全ての文化には価値があるから、国家と社会の支配的な国民文化も文化の多様性に寛容でなければならない。国民文化は多様な文化の交渉を通じて絶えず進化していくものである。国民の多数者集団は自分たちの文化を滋養するだけでなく、社会の少数者集団の文化を滋養することをも学ばなければならない。というのは、支配的な文化は少数者集団の文化を受容することによって豊かになるからである。吸収主義は少数者集団から独自の文化を奪うばかりでなく、多数者集団からも異文化交渉の経験を奪い、多数者集団の知的な視野を狭めてしまう。文化はその担い手である集団の範囲を超えて、広くそれ以外の人間に対して対外的な価値をもっている。この議論を突き詰めると文化的多様性自体が価値をもつという考え方にいたる。文化的多様性を認めるということは、社会にも世界にも違った文化が存在する、これらの違った文化が共存しなければならないということを認めることである。

文化的多様性は三つの価値がある。第一に、文化的多様性は他の集団にどの文化が優れているかを実験することを可能にする。第二に、文化的多様性は個人に文化的な選択肢を提供する。個人は全面的にあるいは部分的に自分の文化から脱出して他の文化を採用することもできる。第三に、文化は優劣をつけたり、選択するようなものではないといわれるかも知れないが、文化的多様性それ自体が公共財である。他の文化を参照しながら、自己の文化について自己内省を加えることができる。自己の文化の独自性、優れている点、劣っている点を確認できるだろう。

近代的な国民国家と社会には、文化の多様性を吸収し、同質性を指向する力が働いたこと、その結果、国民国家のこれまでの歴史のなかで少数者集団の民族性と文化と言語が衰退したことは既に指摘したとおりである。文化的多様性には美しさがあると感じさせる。というのは、諸々の民族と部族の文化が社会を多彩なモザイクで飾るからである。だから、社会全体のために多様性を残しておきたいという気持ちが働く。

人類学者、自然環境保護主義者は、永遠に失われてしまうかもしれない部族の原始文化を保存せよと主張する。多分、原始部族の社会のなかに人間の生活様式の原初的形態を見るからであろう。しかし、部族のメンバーの多くは、森林生活から脱出して、都市に移住し、近代教育を受け、近代的な生活をしたいと思っているかもしれない。

いずれにしても、これらの少数者集団のメンバーは精神的に自立した国家の平等な市民として尊重されなければならない。つまり、近代国家の市民として、彼らに自由な市民権を完全に享受させたうえで、自分たちの生き方について自由な選択をする権利を尊重すべきである。外部の者が「彼らにとっては現在の生き方が一番いいのだ」とする現状凍結型のアプローチも「彼らは非文明的であるので、文明開化しなければならない」とする文明開化型のアプローチも間違っている。現状凍結型のアプローチには、少数部族の文化を「色彩豊かでスポイルされていない観光資源」と考えるような部外者の身勝手さがある。その意味では、多様性の価値を理由にしながら、彼らの文化と集団を主流の文化から隔離しようとするのは利己的であるといわざるをえない。他文化と接触し、その影響を受けながら、それを吸収していくという文化の本質を見失っているからである。

異文化交渉は全ての人間生活と人間社会の常であり、本質的なものである。文化の純粋性というものは存在しない。仮にあったとしても、価値があるとはいえない。異文化交渉の過程を経験しながら、違った文化ができあがっていく。そういう重なり合った面を秘める多様な文化に価値があるのである。文化的多様性の世界は相互間の越境と離合集散の現象に特徴のある流動性に満ちた世界である。隔離によって相違が維持されるわけでも、吸収によって画一性が生まれるわけでもないのである（ウィーン高等研究所ライナー・バウベック助教授）。

★ アイデンティティー形成の議論

文化は個人の経験の文脈であり、自分が誰であるかを規定する。それはアイデンティティーを形成するから、それ自体が価値をもつ。個人に対する尊敬はその人の他の人とは違う生き方に対する尊敬である。アイデンティティーは個人としての生き方に関係する。諸々の文化は個人の選択の対象になる生き方を提供するから、国家は諸々の文化の異質性を意識的に保存するような努力をしなければならないとされる。アイデンティティーを通じて個人は世界に意味を与え、生き方における自己の居場所を決める。アイデンティティーを通じて自己にとって望ましいことと望ましくないことを識別する。

近代国家を形成し、自己の権力を国家に委ねるとき、市民は国家が彼らを守り、彼らの能力を発展させるような制度的枠組みを保障してくれることを対価として要求するのを暗黙の了解にした。そのような理由から、個人のアイデンティティーが形成されるような過程を滋養することが近代国家の重要な役割だとされるのである。個人のアイデンティティーの源泉がその人の属する固有の集団とその文化であると考えるときには、個人のアイデンティティーを尊重するためには、集団とその文化を尊重、保護、奨励しなければならないという理屈になる。個人は特定の集団とその文化に属することによってのみ、そのアイデンティティーを形成し、維持できるからである。文化の権利を保持する者が集団であるのか、それとも集団に属する個人であるかについては、多文化主義論のなかでも特に議論の分かれるところである。

少数者集団の権利を個人の自由と権利（表現、信仰、結社、移動の自由など）だけに帰してしまうのでは、多文化主義を要求する現代の声を本当には理解できない。そのような声は、個人と市民の自由と権利と平等を保障してきたリベラル民主主義国家のなかで最初に起きたのである。それには理由がある。前述したように、国民国家は領土内の多様な集団を一つに統合して、単一の国民にするために国民文化を意識的に滋養してきた。

国民的な言語（国語）が採用され、国民の歴史が解釈し直された。教育の言語とカリキュラム、国祭日が定められ、国民的な英雄が指定され、一定の儀式が国民的なアイデンティティーのシンボルとして採用された。国家の支配的な民族集団の文化が国民的なエトスを形成してきたから、少数者集団が不利な立場に置かれてきた。少数者集団は国民国家のもつ欺瞞の一面に気づいて、自分たちの生き方（アイデンティティー）の保護と奨励を求めて、文化的な権利を要求しだしたのである。少数者集団の文化的権利は要するに独自の世界観を実践し、奨励するような権利である。個人のアイデンティティーは集団のメンバーであることを通じて形成されるので、それを保護するためには、集団の文化を保護すること、すなわち、多文化主義が必要になるのである（ゴア大学ピーター・ロナルド・デスーザ教授）。

★集団的不利救済の議論

歴史的に国民国家の領土内の一定の地域に集中している文化的独自性の強い少数民族も、人口が領土的に分散していて国家の主流の文化のなかに半ば吸収されてしまっている少数民族あるいは移民集団も、集団的な不利を受けやすい立場にある。事実、過去各国の歴史のなかでこれらの集団は差別され、抑圧されてきた。これらの集団は、通常国民の多数者集団から社会的にも経済的にも文化的にも孤立している。しかし、これらのコミュニティーは国民国家のなかで別個の政治コミュニティーをつくっているわけではない。だから、これらの少数者集団に対しては、補償的正義という視点から、特別の集団的権利を与える必要があると説かれる。つまり、国民国家形成の歴史的な過程からいっても、その機能の仕方からいっても、民族的文化的少数者集団は不利な状況に置かれることが多い。そのためにこれらの集団に補償措置を与えなければならないという考え方が生まれた。

国民国家が形成されるときには、一定の民族的文化的集団が他の集団よりも優遇されるという差別が起きるが、そのような差別はリベラル民主主義社会の経済的、社会的、政治的な力学のなかで拡大する。多数者集団の支配的な文化が国民国家の国民文化になり、多数者集団の文化が国家と社会の公共財として押し売りされることには何度もふれたが、それ以上にリベラル民主主義の機能する空間には排除を推進するような力が働くのである。

形式的な平等は社会のなかに実質的な不平等を生み出す。つまり、全ての人が参加しながら、自らを統治する社会は高度な一体性を要求する。それは共通のアイデンティティーみたいなものを要求するからである。民主主義が一番よく機能するのは、人々がお互いをよく知っていて、お互いを信頼し、お互いにコミットメントの気持ちをもつときである。国民国家が生き残るために、それは共通なものに所属するという感情（共通のアイデンティティー）を必要とするが、そのような感情自体が正に排除の作用をするのである。

多数者集団は「共通のアイデンティティーをもつ我々」（自己）と「それを共有しない彼ら」（他者）という枠組みのなかで物事を考えるようになる。排除が起きるのは、少数者集団が支配的なコミュニティーの一体性のなかに吸収されないとき、あるいは少数者集団が支配的なコミュニティーに脅威を与えるときである。市民のなかに共通のアイデンティティーをもたない人間が大勢居るとき、あるいは移民・外国人労働者として入ってくるときには、多数者集団は居心地の悪さを感じる。そして、他者に対して反感をもち、他者を排除、疎外、差別するものである。リベラル民主主義の経済的政治的制度は労働市場、住宅市場、公教育、政治参加の場で民族的、文化的な少数者集団を差別する。排除、疎外、差別の過程を通じて民族的、文化的な少数者集団が集中する職場と居住地域（ゲットー）が形成されていく。このようにして、民族的、文化的少数者集団を社会的に隔離し、構造的な不利の条件のなかに押し込め、彼らに烙印を押し、彼らを劣等視することが社会的に定着していくのである。

国民の主流の多数者集団の差別と偏見が深刻な構造的な不利をつくりだしているときには、逆差別的な権利を与えることによってしか不利を是正できないと主張されるのである。市民の属している各種の集団に対して、真に中立の国家の再構築が不可能な場合には、社会構造的に不利な状況に置かれている少数者集団のメンバーの市民権（市民の地位）を本当に価値あるものとするために、彼らのために補償を与える必要があるという考え方である。代償は少数者集団の文化を公の空間において認知するような公の政策でもあるし、積極的な逆差別優遇措置であることもある（ライナー・バウベック助教授）。日本の場合に、そのような差別による社会構造的に不利な状況にある少数者集団として同和の人たち、アイヌの人々、韓国・朝鮮系日本人を挙げねばならない。

第3章　多文化主義をめぐる欧米諸国の苦悩
米、加、豪州、英、独、仏のケース

1　はじめに

これまで、国民国家の形成過程と機能の仕方に焦点を当てながら、多文化主義の問題一般について考えてきた。しかし、多文化主義は一様ではない。地球上に同じ国民国家は二つとなく、それぞれ生い立ち、国内の少数者集団の性格は違う。米国の移民の歴史に見られるように、同じ国家のなかでも時代とともに少数者集団のカテゴリーは変化してきた。少数者集団が社会の主流に統合されていく過程は続くから、そのカテゴリーは今後も変化するであろう。多文化主義についての考え方も実践内容も国によって違う。移民国家（米、加、豪州）と非移民国家（英、独、仏）がある。しかし、「移民国家でない」といって頑張っている国にも現実にはたくさんの外国人労働者がいて、移民国家の様相を呈している。イギリス、ドイツ、フランスがその例である。先進工業国における情報技術専門家の不足が深刻になってきて、国の移民に対する考え方も微妙に変化している。

国によって国家と国民のもつ文化的、民族的な意味合いに濃淡がある。米国は移民によって国家が形成されてきた移民国家である。移民の数がコントロールされることはあっても、移住者の受け入れは今後も続くだろう。カナダも豪州も同じである。同じ移民国家の間でも、米、加、豪州の多文化主義は違う。米国では、多文化主義は人種問題の歴史に深い根をもっていて、米国市民でありながら、少数者集団として過去偏見と差別を受けてきた人種に対する補償救済措置という意味合いがある。その多文化主義は少数者集団に積極的な逆差別を行うというほどに濃厚な内容のものである。

米国の多文化主義は過去に犯した罪（人種差別と虐待）に対しての強烈な罪悪感と良心の呵責に支えられている。その点では、「黒人（アフリカ系米国人）問題」が米国の多文化主義と欧州諸国のそれを決定的に違うものにしている。黒人以外の少数者集団に対する逆差別はもともと黒人に対する逆差別措置の「おこぼれ」だった。欧州人は少数者集団に対する過去の植民地支配について基本的に罪悪感をもっておらず、仮にもっているとしても極く軽度なものである。

米国での少数者集団は、米国生まれであるか、移民であるかを問わず、過去偏見と差別を受けてきた人種と民族である。米国人の意識のなかでは移民と土着（米国生まれ）の人間の区別は大して重要ではなかったといわれてきた。米国の市民権（国籍）をもっているかどうかがもっと重要だというのである。

ところが、永住者（外国人移住者）の権利保護が厚くなっていくに従い、市民権のもつ「旨味」は相対的に少なくなり、市民権取得（帰化）に対する関心が薄れていると指摘されている。米国は最初は白人・アングロサクソン・プロテスタント（WASP）によって建国された国家である。そのために、過去には、南欧系、東欧系、アイルランド系、ユダヤ系も少数者集団として蔑視されていた。カトリック系も少数者集団であった。今では、これらの集団は多数者集団に吸収されていて、米国社会でこれらの人々を少数者集団とみなすことはほとんどない。彼らが同化され、国家と社会の主流に属しているからである。現在の米国社会の少数者集団はアフリカ系、アメリカ・インディアン（先住民）、中南米系、アジア系である。

トルードー首相時代の一九七一年にカナダは世界に先駆けて公の政策として多文化主義を導入した。当時、カナダは米国の同化主義（人種のルツボ型社会モデル）と比較しながら自国の文化的複数主義（モザイク型社会モデル）を誇りにしていたが、ところが正にその時代に米国ではルツボ型社会モデルが放棄されようとしていたのである。

カナダの多文化主義は英仏二文化主義（英語圏カナダと仏語圏カナダを二本の大黒柱とする連邦国家）を根底から覆すような発展である。というのは、多文化主義はフランス語圏カナダ（ケベック州）をカナダの多様な文化コミュニティーの一つに「格下げ」してしまった観があるからである。それはケベック州の分離運動を改めて刺激する結果にもなった。多文化主義的な意識を高めたカナダ連邦の西部諸州（マニトバ、サスカチュワン、アルバータ、ブリティッシュ・コロンビアの各州）の非英仏系（ウクライナ系、ドイツ系、東欧系、アジア系など）はケベック州に特権を認めるなら、我々にも認めるべきだと言い出したのである。

ケベック州の問題が本来独自の問題であることが忘れられた観がある。横並び主義的な多文化主義のアプローチは、特定地域に集中する少数者集団をめぐる歴史的に根の深い問題の性格を希薄化してしまう。歴史的に連続性をもち、領土的に集中し、文化的にも民族的にも明確なアイデンティティー意識をもっている集団（ケベック州）の問題を領土的に分散し、全人口のなかに分散している移民集団と一緒にするのは危険である。

豪州の多文化主義は、アジア指向を強めた豪州が周辺のアジア諸国の目を気にしながら、白豪主義（豪州を白人国家と規定して有色人種の移民受け入れを拒否）を放棄した意味あいがある。しかし、豪州の国民的なアイデンティティーをめぐってはまだ国論が分かれている。豪州の多文化主義には少数者集団のための政策だと言い切れない躊躇が感じられ、多数者集団と少数者集団の文化の問題を同じレベルで理解するような横並び主義がある。多文化主義導入に対する多数者集団（アングロサクソン系白人集団）の強いアレルギーに配慮したものである。

移民国家の米国、カナダ、豪州にも先住民（アメリカ・インディアン、イヌイット、アボリジニ）の問題がある。ヨーロッパ系の移住者の過去の不正義に対する謝罪、権利回復、補償、コミュニティーの文化の保護の問題がある。先住民問題の最終的解決は土地の問題を避けては通れない。多文化主義をいくら叫んでも、黒人問題、先住民の問題に適正に対処できない間は、多文化主義は本物ではないという批判に耳を傾ける必要がある。

この問題は多文化主義の範疇を超える次元のものだという見方もある。つまり、単なる文化の問題として理解するのは間違いだということである。西欧では、多文化主義は「外国人」（移民と外国人労働者）の問題を中心にして議論されてきた。つまり、歴史的に特定の民族と文化を基礎にして成立した西洋の国民国家においては、新しい現実のなかで国家の構成員である市民をどのように定義し直すかの問題に深く関係していた。独仏では、モスレムの外国人労働者の問題、英国では旧植民地からの黒人と南アジアからの移住者の社会的な統合と同化の問題が前面に出ている。移民と外国人労働者を社会のなかに統合していくアプローチは英仏独の間でも違いがある。米国と違って、西欧においてモスレム系の移民と外国人労働者の問題が顕在化したのは、西洋の国民国家が文化的にも宗教的にも大きな意味合いをもっていることを背景にしている。キリスト教文明の西欧において移民とモスレムの問題が問題になるのは、憲法上の建前（政教分離）はともかく、国家と社会の実態において国家と宗教の分離がまだ完全に行われていない証左であろう。

欧州、豪州、カナダの多文化主義は、基本的にはリベラル民主主義の価値観が要求する寛容精神の枠組みのなかで異文化を許容する措置の範疇にある。もっとも、ドイツでは民族的文化的な意味合いを強くもつ市民権（国民の地位）をどのように考え直すかという問題がドイツ人の多文化主義の議論の中心にあった。いずれにしても、これらの国の多文化主義は米国のように強い罪悪感に支えられたものではない。しかし、ここでもドイツの場合には、過去のマイナス遺産（ナチス・ドイツの犯した犯罪）がその多文化主義に大きな影響を与えてきた。西欧、豪州、カナダの多文化主義は少数者集団（有色人種）系の移民の社会的統合を助けることに最大の関心があった。それは内包的な多文化主義というべきもので、米国の多文化主義に比べると、内容の薄いものである。

2 米国の多文化主義――過去の罪の償い

★白人主義と決別した普遍主義の移民政策

過去、移住政策と人種的対立の歴史が米国の多文化主義の中心テーマだった。人種と民族の多様性という点では欧州と米国の間に特別に大きな違いがあるわけではない。移住者の受け入れは欧州でも行われていた。しかし、米国と欧州では移住の意味が違った。前者では移民は国家と社会の基礎となるイデオロギーに従って行われてきたが、後者では移民は労働需要、家族呼び寄せ、避難民と亡命者の受け入れという形で行われてきた。欧州でも無論、移民の数と文化の違いが社会的危機感を煽ったときには移民制限が行われた。しかし、それは移民を国家と社会の根幹に関わるようなイデオロギーで考えるというほどのものではなかった。歴史的に米国と欧州では移住というものが全く違った役割を果たしてきたのである。

米国の現在の文化複数主義的な多文化主義を決定的に方向づけたのは人種差別を違法とした一九六四年の「公民権法」と「投票権法」、そして移民の出身国差別を禁止した六五年の「移民改革法」（ハート・セラー法）である。

一九五八年にJ・F・ケネディー上院議員は『移民の国民』と題する本を著した。そのなかで彼は移民を一部の北ヨーロッパ諸国の出身者に限定していた移民出身国法（一九二四年）を批判した。同法が米国の伝統と原則、人権宣言に反するというのが彼の主張だった。彼が問題にしたのは、ヨーロッパ人種間の移民差別だった。というのは、当時ギリシャ、イタリア、ポルトガル、ポーランドからの移民枠は不当に差別されていたからである。六五年の移民改革法は二四年の移民出身国法を廃止した。移民改革法は移民許可を与える際の出身国を一定の枠のなかで普遍主義化することを通じてアジア系、中南米系の大量移民を可能にし、米国社会の体質を大きく変化させる道を開いたのである。しかし、米国社会を第三世界からの移民に開放することはもともと意図されたものではなかった。

一九四三年の中国移民排除法（一八八二年）廃止、四五年の戦争花嫁法制定は移民改革法の先駆けになった。しかし、五二年のマッカラン・ウォルター法はまだ出身国割り当てを残し、アジア系移民の排除を指向した内容のものだった。しかし、この法律がリベラル派の良心を刺激する契機になったのである。

移民改革法以降の移民のパターンは大きく変化した。欧州からの移民が減少、アジア、中南米からの移民が全体の九〇％以上を占めるようになった。欧州からの移民が減少した背景には、その経済復興で外国への移民圧力が低下したこともある。移民、特にアジアからの移民は、当初は技量移民、難民、次いで帰化した移民の兄弟姉妹を優先する移民、それから家族呼び寄せという経過を経ながら加速的に増大していった。合法的な移民の道が広くなった一方で、不法移民、特にメキシコからの不法移民、農業季節労働者の不法滞在が増加した。メキシコからの農業季節労働者導入計画は第二次世界大戦中の労働者の不足を補うために一九四〇年代に始まったものである。不法移民の門を大きく開く結果となり、五四年には滞在・労働許可をもたないメキシコ人の大規模な逮捕と強制送還が行われた。

五二年の移民国籍法には、違法な移民を雇用するのは不法移民を匿う犯罪行為に当たらないとする「テキサス条項」が挿入された。これは不法移民を事実上合法化するようなものだった。不法移民は一応強制送還の対象になったが、滅多に行われず、行われても不真面目なやり方が横行した。六四年には、米国の労働者の賃金を引き下げる結果に繋がるという理由で米国の労働者の間にメキシコからの農業季節労働者の導入に反対する大運動が展開された。そのような背景があって、移民改革法（一九六五年）は同スキームを違法化したのである。

しかし、不法移民は激増の一途をたどった。不法移民を米国の国家危機と認識する声もあった。八六年の「移民改革管理法」が米国議会での五年越しの激論の末に成立したのはそのような背景においてであった。この法律は当時米国内に不法滞在していた約三〇〇万人の不法移民を合法化した。しかし、同法は不法移民を防止する点では失敗であった。失敗の第一の理由は、不法移民の受益者団体の強力な政治ロビーが働いたからである。米国では、移民政策はいつも顧客政治（一般大衆から離れた空間で民族集団組織、農業生産者、自由市場主義者らが自分たちの利益を追求）の舞台になり、その論理に支配された。それは合法的移民の場合でも、不法移民の場合でも同じだった。メキシコからの不法移民については、安価な労働力の確保に利益をもつ南西部の農業界の強力な組織政治力が働いた。不法移民の社会的経済的コストを支払わされる羽目になる組織化されていない市民の利益は踏みにじられてしまった。

失敗の第二の理由は、米国の公民権運動が米国社会に浸透させていた人種差別を忌み嫌う価値観であった。移民を制限する政策は人種差別のレッテルを貼られると勝ち目がなくなる。不法移民対策さえもが反ヒスパニックの人種差別の烙印を押されてしまったのである。移民改革法は不法移民の合法化の面では意図されたとおりに機能した。一般合法化計画のもとで一八〇万人、特別農業労働者計画のもとで一三〇万人の不法移民が合法化された。しかし、不法移民の流れを止めることはできなかった。同法がビザが切れても滞在する不法滞在者（米国の不法滞在者の約六〇％）の問題にはふれていなかったからである。それからヒスパニック系と農業栽培者（雇用者）の利害の一致が不法滞在者を雇用する雇用者に制裁を加えるシステムを優柔不断なものにしてしまったのである。両者の腐れ縁は前述の移民国籍法（一九五二年）のテキサス条項に見ることができる。

このようにして、一九九三年頃の米国の不法移民数は三〇〇万人とも四〇〇万人ともいわれていた。八六年の移民改革管理法が不法移民の裏戸を閉鎖する意図のものだったとしたら、九〇年の「合理的移民法」は合法移民の表玄関をもっと開放する趣旨のものだった。同法の第一の目標は合法移民の技量面をもっと重視することだった。というのは家族移民制の導入で新規移民の教育技量水準が低下していたからである。

第二の目標はヨーロッパ系移民の時代が終焉した六五年以降、第二世界、第三世界の国に傾いていた移民の出身国の間の不均衡を是正することだった。それはヒスパニック系とアジア系の優勢を抑制することを意味した。しかし、移民の割り当てをめぐる人種間の争いを避けるために結局全体のパイを拡大するアプローチが採用された。すなわち、合法移民の枠が四〇％拡大され、家族基盤の移民制度（帰化移民の家族呼び寄せと兄弟姉妹の移民を優先するシステム）が再確認された。

以上概観したように米国政府の移民政策は六五年の移民改革法以降、八〇年の難民法、九〇年の移民法と常に拡大路線（出身国の普遍主義化と移民枠の拡大）を続けてきた。それを可能にしたのは、人種差別禁止を金科玉条にする公民権派の影響力、八〇年代を通じての移民拡大路線の顧客政治、移民の人権を保護する路線に転換した米国の裁判所の役割であった。

特に最後の点については、六〇年代以降、米国の裁判所は移民の問題についてコミュニティー主義的な考え方を強めていった。それは移民が米国市民である以前に人間として奪うことのできない人権を享受している、移民はコミュニティーのメンバーとして米国社会のなかで深い絆を確立している、政府としてそれを尊重しなければならないという考え方であった。外国人も社会の活発なメンバーであり、米国市民と同じように税金を支払い、資本と職能と労働をもって公の利益に奉仕しているということである。このような論理をもって、裁判所は憲法上の保護を市民権をもっていない合法的な外国人居住者、不法移民、亡命申請者にも拡大していった。外国人の法的地位を支えるのは「人たる者」のために法の平等保護と適正な法の手続きを定める米国憲法の規定だった。

他方で、米国市民のエリートの間にも移民拡張主義に反対する機運も高まっていた。九四年カリフォルニア州議会が「提案一八七号」（「我らの州を救うためのSOSイニシアティブ」）を採択したのは、米国市民の間に高まっていた移民反対の機運を反映したものだった。この法案は不法移民に対する社会事業給付（緊急性のない医療保険、学校教育）を禁止する内容のものだった。同法案以降、米国の移民論争の経済的焦点は移民が米国人の職を奪い、賃金水準を引き下げる云々の議論から移民が米国政府の財政負担を増加させているという議論にシフトしていった。学会も移民拡張反対の色を濃くしていった。サムエル・ハンティントン教授の著作『文明の衝突』も米国総人口のなかの非欧州系の割合が拡大していくにつれて米国の建国精神と社会の理念像が変わっていくことを懸念する米国の有識者の意見を代表していることには既にふれた。

ここで米国の亡命難民政策にふれることにする。米国の亡命難民政策は一九八〇年代末までは政治的イデオロギーの偏向を免れなかった。例えば、共産主義から逃れてくる個人に亡命者と難民の地位を与えても、中南米の独裁政権から逃れてくる個人にはそれを拒否するような事例には事欠かなかった。六五年の移民改革法のもとでは難民政策は移民政策の一部をなしていたが、八〇年の難民法は両者を分離した。この法律は米国の難民政策をイデオロギー的な偏向から解放して、行政府の恣意的な裁量権限を議会のコントロール下に置いたのである。従前、行政府の強硬措置（抑留、強制送還、公海上の介入など）を目撃していた裁判所も人としての難民と亡命者を保護・救済するために積極的に行動し始めた。

現在の米国の自己イメージは「移民の国民」（J・F・ケネディー）、「全ての国民の避難場所」（ジョージ・ワシントン）、「諸国民からなる一つの国民」（W・ウィットマン）、というものであろう。それでも、白人・アングロサクソン・プロテスタント（WASP）が米国の民族的文化的イメージであり、普遍主義的な移民政策がもたらす民族の多様化によってこのイメージを希薄化してはならず、死守すべきだとする非リベラルな考え方が絶えたわけではない。

★人種的ルツボ神話の放棄

新しい移民体制が発足した一九六五年以降、米国の歴史始まって以来の大きな移民の波に見舞われた。七一年から九三年までの移民数(新移民)は一五五〇万人以上で、不法移民の数を入れると、一九〇一年から三〇年までの移民数(旧移民)の一八六〇万人を凌いだといわれている。旧移民の八〇%が欧州系、新移民の八四%が中南米系(四九・六%)とアジア系(三四・五%)である。米国人口の人種と民族の構成も大きく変化した。

新旧移民の構造的な違いは、第一に、新移民が継続的な過程になったことである。そのために米国の民族性の濃度が絶え間なく更新され、強くなっているのである。というのは、移民の波が次々に押し寄せ、米国社会に同化される時間的余裕もなく、米国社会は移民出身国の社会と言語と文化の色彩を濃くしているからである。移民の波が途絶えることもあった過去の時代には、カトリック系、南欧系、東欧系の移民の米国社会への同化が加速されたときだった。

第二に、新移民は米国に到着すると階層化された米国社会に直面しなければならない。階層化された米国社会は巨大な所得格差と細分化された労働市場を特徴としている。それ故に民族的に違う移民は細分化された米国社会の特定の部分に押し込まれていく傾向がある。例えば、カリブ海諸国からやってくるアフリカ系移民は米国社会のうちに黒人の甘んじている社会的、経済的構造のなかに編入される。米国社会へ吸収されていく主要な道であった社会的上昇が以前の時代よりも難しくなっているからである。

第三に、以前と比べると、新移民の出身国と米国での定住地域の集中傾向が目立ってきている。それを背景にして、米国の主要都市には移民の言語と文化のゲットーができている。

第四に、非欧州系の移民の激増、欧州系の移民と非欧州系の移民の顕著な違いを背景にして、人種の役割が以前よりも重要になってきている。無論、人種を差別や排除の理由にできる時代は終わっている（欧州大学クリスチャン・ジョップケ教授）。

米国の総人口の民族的人種的構成の変化とグローバル化は移民側と受け入れ社会の同化に対する考え方を変化させている。移民の方は同化に対する関心を弱くしている。受け入れ社会も特定の集団についいては、人種、民族、文化の大きな違いのために同化が無理だと考えているふしがある。一九世紀から今世紀にかけては南欧系、東欧系の移民の同化が問題になった。統合のモデルとして「人種のルツボ」ということがいわれた。ルツボのモデルは米国社会という巨大なルツボのなかで全ての人種が熔け合い、再形成されていくという発想であった。歴史的には、異人種間の結婚は米国でも珍しい現象ではなかった。

しかし、異人種間結婚が可能であるとされる人種については、いつの時代にも米国社会には不文律みたいなものがあった。米国社会で同化が最終的に意味したのは、多数者集団の文化としての米国社会のなかに自己を確立していたアングロサクソンの文化のなかに南欧系、東欧系、ユダヤ系が「一方的に吸収されていく」ことだった。米国の国民文化としてのＷＡＳＰ文化は過去非プロテスタント系、非アングロサクソン系の移民の流入に対決させられる形で自己主張を強めていった。例えば、第一次世界大戦中のドイツ系米国人を対象にするアメリカ化運動、第二次世界大戦中の日系米国人の強制収容はアングロサクソン系中心指向の米国のアイデンティティー意識がヒステリー症状を見せたものである。

ルツボのモデルは一九六〇年代までは米国の国民形成の神話として生きていた。リベラル派が台頭すると、それは神話としても放棄されてしまい、現在は文化的複数主義（モザイク・モデル）の時代といえる。移民の民族性を維持したまま各種のナショナリティーを連邦化したものが政治コミュニティーとしての米国にほかならないと多文化主義者は考えている。実をいうと、米国には移民統合についての公の政策はなかった。つまり、米国は移民の統合を社会と経済の力に任せてきたといっていい。米国の社会は移民を自動的に吸収する力をもっているという信仰があった。統合の意味についても、米国内にコンセンサスがあったわけではない。公の政策があるとすれば、それは移民が米国に帰化するときにアメリカ合衆国に対する忠誠を誓わせられるということである。

ところで、米国で移民が社会に統合されていくときには、いつも民族性が重要な役割を果たしてきた。例えば、日系の移民はまず日系米国社会のなかに統合され、そうすることによって日系移民は米国社会の荒波から守られた。民族集団の組織と制度（寄宿舎、組合、互助会、会館、学校、病院など）は新しい移民の社会的統合を円滑にした。移民の民族性のもつ意味は移民集団ごとに違っている。欧州系移民の民族性は異人種間結婚と社会の主流への吸収を通じて次第に希薄化していった。民族性は利害関係を中心に集団を団結させるヨコ機能をほとんど失い、文化とアイデンティティーを表現するだけの象徴的な性格のものに変容していった。しかし、全ての移民集団に同じ程度に民族性の希薄化が起きるとはかぎらない。差別・排除される集団、他者視される集団、少数者集団は社会の主流との違いを感じさせられる過程を通じて人種と民族性をますます意識するようになるもである。いつの時代にも米国社会には「薄くなる民族性」と「濃くなる民族性」が共存する。

★ 逆差別措置——過去の償いの議論から多様性の議論へ

米国の公民権運動の当初の目的は国家と社会のなかで「第二級の市民」扱いをされてきたアフリカ系米国人（黒人）を「平等な市民」にすることだった。そこから公民権運動はさらに二つの方向に発展していった。一つは「機会の平等」から「結果の平等」へ移行することだった。もう一つの方向は本来黒人だけが享受すべきだった利益が黒人以外の少数者集団に波及していったことである。

アフリカ系米国人に対して「平等な結果」を保障することは彼らの利益のために逆差別措置（Affirmative Action）を導入することを意味した。逆差別という言葉は一九六四年三月にケネディー大統領の公布した行政命令第一〇九二五号のなかで初めて使われた。この行政命令は政府との間に公共事業調達契約を結ぶ事業者に対して逆差別措置をとらせることを政府に命じていた。ジョンソン大統領は、六五年六月のホワード大学の卒業式で逆差別措置を弁護するスピーチをした。両大統領は「結果の平等」に言及したが、逆差別措置が具体的に何を意味するのかを明らかにしなかった。当時、公民権法と投票権法の実施運営を担当させられていた当局は雇用者の差別の意図をどうやって証明したらいいか、「結果の平等」を実際にどうやって機能させたらいいかを決めるのに苦慮していた。

官僚組織が発案したのは統計的な手法だった。つまり、特定の少数者集団の総人口比を職場、高等教育機関、政府におけるその集団の参加率と比較しながら、両者の間のギャップを組織的な差別の兆候と見たのである。そして、統計上の比率が一致するまで特定の少数者集団の人間を雇用し、入学させ、選挙するという手法だった。

公民権法、投票権法の起草者が逆差別措置の受益者として考えていたのはアフリカ系米国人の子孫だった。彼らのための逆差別措置は、アフリカ系米国人に対して加えられた過去の不正義に償いをし、現在の悲惨な政治的、経済的、社会的な状況から彼らを救済するために必要な施策だとされ、あくまでも一時的な措置と考えられていた。公民権法も投票権法も「皮膚の色を区別しない」という原則から受益者集団の名前を特定しなかった。法律は人種、皮膚の色、宗教、出身国を理由にする差別から「市民」、「個人」、「人」を保護すると規定しているだけだった。規定の仕方が一般的だったために、アフリカ系米国人以外の少数者集団が逆差別措置を要求し出したのである。

元々、米国政府の行政管理予算局（ＯＢＭ）には人種と民族の分類表があった。米国政府はその表を基礎にして公民権法の運営実施監視を行っていた。その表のうえではアフリカ系、ヒスパニック系、アジア系、アメリカ・インディアン（先住民）が少数者集団になっていた。これらの集団は米国の建国の歴史のなかで差別されていたから、一応もっともな理由があった。アメリカ・インディアンはジェノサイドの対象にされた。アジア系は中国人、日本人をはじめ、人種的排斥の対象になった。ヒスパニック系は一八四八年の米メキシコ戦争を契機にして米国に強制的に編入されて、文化的な剥奪を経験した。一九六五年以降の移民の主流はヒスパニック系とアジア系だった。しかし、彼らは米国で差別された集団的記憶のある人たちではない。しかし、米国社会で過去に差別と抑圧の対象になった集団のメンバーになったということだけで逆差別措置を受益する資格を得たのである。

公民権法と投票権法を自分たちの利益のために利用する運動を最初に始めたのはメキシコ系米国人

だった。雇用、教育、投票を対象にする逆差別措置は、国勢調査（人口を計算分類する作業）を政治化し、連邦国勢調査局を政治闘争の場に変えてしまったのである。各人種的、民族的集団は逆差別の利益に均霑《きんてん》しようと奔走する。彼らのめざすのは第一に自分たちをビッグ4（アフリカ系、ヒスパニック系、アジア系、先住民系）に分類させること、第二に自分たちの人口数をできるだけ大きく見せることである。逆差別措置は本来過去の黒人の奴隷化と黒人に対する人種差別に対する補償措置だったものが、黒人以外のその他の少数民族集団にも適用拡大されていったものである。それとともに本来の正当化理由が空洞化されてしまったのである。本来一時的な措置であったはずのものが恒常化されたのである。それで新しい理由づけが必要になった。そこで出てきたのが多様性の議論であり、それが最初に出てきたのは大学入試の場だったのである。

一九七八年の「カリフォルニア大学（デービス校）対バッケ事件」でパウエル最高裁判事は、教育上の多様性を実現する手段として大学は入学許可を与えるに際して人種を考慮すべきだとしたのである。人種的に多様な学生集団の入学を認めることによって各文化の間の交流が深まり、学問的な向上が推進されるという理由づけであった。多様性の議論は過去の不正義に対して償いをするという倫理の議論ではなくて、多様化する社会を統合するために逆差別が必要だといういわば未来志向の議論である。多様性を理由づけにするときには逆差別措置は恒久的な制度に転化する。多様性の議論は、逆差別を求めて他の集団と競争する集団のなかに過去罪を犯した白人集団を含めてしまうような相対主義（横並び主義）に陥る危険性を孕んでいて、逆差別が本来もっていた倫理的な側面が失われてしまうのである。

一九六五年以降のヒスパニック系とアジア系の大量移民は米国を「諸々の少数者集団で構成される国民」（パウエル最高裁判事）に変えようとしている。二〇一〇年にはヒスパニック系が黒人を凌いで、最大の少数者集団になると予想され、五〇年頃には米国の総人口に占める少数者集団の割合は四七％になるとみられている。パウエル判事のいう「少数者集団の集合化としての米国民」は新たな事態を発生させている。第一に逆差別措置の割り当てをめぐる人種間の紛争を激化させている。特に黒人とヒスパニック系はゼロサムゲームの激しい闘いを展開している。アジア系対アフリカ系、アジア系対白人の間の闘争も無視できない。

第二に、逆差別は少数者集団化している白人を排斥する作用をしている。大学の入学の許可をめぐって白人が人種差別を理由にして提訴するケースは珍しくない。第三に、皮肉なことに米国社会で異人種間の混血が進んでいる正にその時代に多様性と多文化主義の議論が活発化していることだ。人種的、民族的アイデンティティーを主張する意識も高まっている。多人種混血集団は「混合人種」(Mixed Race) なるものをビッグ4と並ぶ独自の少数者集団に分類し、逆差別の対象にせよと要求している。

公民権法、投票権法の運営実施のために人種分類は重要なものになっている。しかし、国勢調査では人種、民族は自己申告される制度に頼っている。そのために人種が生物的なものから社会的な構築物に変容している。移民集団のエリート指導者の展開する民族運動（エスニシティー運動）は、民族性を米国社会に現実に存在する民族コミュニティーから遊離した政治的な概念に変えてしまっている。現実には、アジア系、ヒスパニック系などというような汎エスニシティー・コミュニティーは存在せず、政治目的のためのフィクションにしかすぎない。アジア系は多数の民族コミュニティーで構成されている。ヒスパニック系も同じである。

逆差別政策が続く一方で、米国社会には以前から逆差別措置に対する一貫した根強い嫌悪というものがあった。最高裁の態度も逆差別を否定する保守化の傾向を強めている。背景には、少数者集団の多元的な主張の蔓延が米国社会をバルカン化させるという危機感、非白人系の移民の増加は白人を逆差別を必要とするほどに周辺化された少数者集団にしているという危機感もある。また、逆差別は人種間の差別と対立をなくすどころかそれを却って煽っているという危機感もある。

移民反対運動の場合と同じで、カリフォルニア州が逆差別反対運動の火付け役になっている。一九九五年七月、ピート・ウィルソン州知事はカリフォルニア州立大学の評議員に対して学生の入学と教職員の雇用については人種的、性的優遇措置を廃止するように呼びかけた。九六年一一月には、「公民権イニシアティブ」はカリフォルニア州民に対して「提案二〇九号」に賛成するよう呼びかけた。公法案は「州は公の雇用、公の教育、公共契約において人種、性、皮膚の色、民族、出身国を理由にして個人あるいは団体を差別したり、これに優遇措置を与えたりしてはならない」と述べている。九五年の時点でカリフォルニア州の人口のうち四二％がヒスパニック系、アジア系、アフリカ系で構成され、これに女性を加えると理論的に州民の七〇％以上が何らかの逆差別措置の対象になり得た。カリフォルニア州民の懸念は理解できるというものである。

★ 教育における多文化主義

最後に米国の教育現場の多文化主義の問題である二言語主義と多文化主義的カリキュラムの問題にふれたい。二言語教育は元々移民のためのものではなかった。一九六八年に「二言語法」を制定した立法者の頭に元々あったのは、西南部のメキシコ系米国人だった。彼らの住んでいた地域が米国によって併合され、彼らに対して米国の文化が押しつけられていたのを是正するためだった。立法過程で法の適用を西南部のメキシコ系米国人に限定する条項が削減されて、全ての移民を対象とするような一般的法律になった。米国の二言語教育政策は全ての移民に英語を要求する政策から移民の言語と文化を財政支援措置をもって奨励する政策に変化していった。二言語教育については、特殊学校に編入させられた移民の子弟を社会の主流から疎外する、いずれの言語でも無識字に近い子供をつくりだしているという批判が常にあった。

「US ENGLISH」をはじめとする英語公用語運動推進派は、二言語教育の廃止を訴えている。二言語教育が国民的な統一を阻害しているというのが彼らの言い分である。州レベルでは一部で英語の公用語化に成功しているが、連邦憲法に英語を公用語にする規定を挿入する試みは成功していない。

伝統的に米国の有名大学は多文化主義の急先鋒だった。一九六〇年代以降には、民族研究・女性研究が推進され、七〇年代以降には入学許可の逆差別が導入された。八〇年代の流行は多文化主義カリキュラムの導入だった。多文化主義カリキュラムは米国の文化を構成する多様性の学習を必須科目にすることを意味した。そのような政策を推進したのは、米国の大学を各学生が自己の人種的、民族的アイデンティティーを再発見する場所にするという思想だった。八八年にスタンフォード大学で学生が西洋文明を必須科目にすることに反対する運動をはじめるという事件が起きている。

米国の公立学校は伝統的に人種と民族と移民の出身国の違いを超えた「米国人を形成する」役割を担ってきた。しかし、現在は多文化主義カリキュラムが公立学校を少数者集団の人種民族意識を高揚させる場に変化している。そのような観点から、公立学校では歴史と社会科の教え方が常に問題になってきた。特に「教科書がヨーロッパの歴史と文化を祝福して、他の国の歴史と文化を矮小化していなかいどうか」が問題にされてきた。

多文化主義カリキュラムの面ではニューヨーク州とカリフォルニア州がリードしてきた。アフリカ系米国人が集中するデトロイト、アトランタ、ワシントンD・Cでは、アフリカ中心主義のカリキュラムの編成が問題になっている。そして、黒人学生の自尊心を高揚させるために歴史の改ざんにも等しい極端な内容の歴史の教科書が作成されることもある。いわゆる「癒しのための歴史」が教えられるのである。

3　カナダの多文化主義――ケベック州の格下げ？

トルードー首相は一九七一年に世界で初めて多文化主義を正式に導入した。米加とも移民国家であるが、フランス語圏ケベックの存在と黒人奴隷の歴史がなかったことがカナダの多文化主義を米国のモデルと違ったものにしている。

現在のカナダは多言語多文化社会であるが、実はヨーロッパ人の植民地化以前のカナダの先住民社会も同じだった。そこに一六、一七世紀にフランス人と英国人が移住してきた。一九世紀末から二〇世紀初頭にかけて、東欧と北欧からの大量の移民が加わった。同じ時期に中国系、南アジア系の移民が鉱山、鉄道、サービス産業で働く労働者として導入された。第二次大戦以降もカナダの人口構成は移民によって大きく変化した。一九九〇年代末の人口構成は七〇年代、八〇年代に比べても大きく変化している。九六年の国勢調査では、カナダ人の四四％が英国系とフランス系と先住民系以外のいずれかの人種、民族を自己申告している。

フランス系はケベック州、東欧系・北欧系・中国系は西部カナダ諸州、その他のアジア系はオンタリオ州（州都トロント）およびブリティッシュ・コロンビア州（州都バンクーバー）に集中している。九六年の国勢調査をベースにするとき、カナダ全体の母国語別人口構成は英語が五九・二％、仏語二三・三％、その他の言語一六・一％、二カ国語以上一・四％になっている。七一年以前のカナダは英仏二言語文化主義の基本的な枠組みのなかで英語と英国文化と英国系カナダ人が事実上優勢支配するという構造になっていて、仏語圏（ケベック州）と英語圏（その他のカナダ）は少数者集団と多数者集団という構図のなかに脆弱な共存状態を保っていた。

ケベック州は連邦カナダに対して何かというと分離独立を口にしながら、妥協を強要する傾向があった。八七年にマルルーニ首相はケベック州を「独自の社会」として優遇する憲法修正案（ミーチ・

レーク協定）によって同州との妥協に成功したが、ケベック州に反感をもつ他の州の同意を得られなかった。九二年一月一〇月にも、ケベック州の独自性を承認した憲法改正案が国民投票にかけられたが、反対五四％で否決され、ケベック州は依然として憲法を批准しない状態のままでいる。つまり、カナダの憲法は八二年憲法を英国議会が承認したことによって、カナダ化されている。しかし、同憲法は同州の独自性を承認していないという理由でケベック州が批准を拒否したままの状態で発効しており、今日にいたっている。九八年一一月に行われた州議会選挙では、分離独立派のケベック党が改選数を上回る議席を確保して州政権を維持しており、州独立の勢いは減速していない。

二〇〇〇年六月、フランス系のクレティエン連邦首相（自由党）はケベック州が将来独立を問う住民投票を行う場合に備えた連邦法「クラリティ（明確）法」（通称）を成立させた。この法律は、将来の住民投票が有権者に独立を明確に問い、しかも同時に賛成の票が確実に過半数を超えると連邦下院が判断するときには、連邦政府はケベック州政府と独立条件について交渉すると規定している。これはケベック州の強みも弱みも熟知する老獪なクレティエン首相が考え出したもので、ケベック州の独立を事前に牽制する実に狡猾な立法である。ケベック州に独立したいなら結構である、しかし政治的に独立しても経済的にカナダと連合させるようなケベック州に都合の良い形の関係は認めないと伝えているのである。連邦政府の強い姿勢はケベック州の特別扱いの要求にうんざりしているカナダの世論を背にしている。ケベック州政府はこの法案がケベック州が独立を自決する権利を侵害していると批判しているが、ケベック党の過去の問題は独立を支持するケベック州住民がなかなか過半数を超えないことである。この法律が今後ケベック州民のカナダに対する気持ちを変化させ、ケベック党の独立分離の動きを有利にするかどうかは現在のところ不透明である。
八八年の「カナダ多文化主義法」は移民によって言語的、文化的に多様化したカナダの社会の現実に適応しようとして、それ以前の一連の立法と政策と慣行を法制化したものである。多文化主義のもとでも、英仏二言語二文化主義の基本構造は保たれているが、横並び主義的な多文化主義が強調されるなかでケベック州の歴史的な特殊問題が矮小化されてしまい、ケベック州がカナダの多くの少数者集団の一つに「格下げ」されてしまった観もある。英語圏対仏語圏が対立する構図のなかで暮らしてきた他の欧州系（東欧、北欧系など）の気持ちはますます複雑になってきており、反ケベック感情も根強い。

七一年に多文化主義が導入された背景には、英仏系がカナダの政治、経済、社会、文化のあらゆる分野で権力を握ってきたために疎外感をもっていた他の欧州系のカナダ人を宥和するという思惑があった。他方、カナダ社会に蔓延する人種差別は有色人種の疎外感と反感も高めていた。そうした事情を背景に七〇年代末から八〇年代初めにかけて反人種差別主義が公の政策の中心に登場した。そして、八六年の雇用平等法は、女性、先住民、身体障害者、少数者集団（Visible Minorities・有色人種）を雇用差別から護るためのものだった。

カナダの多文化主義は英仏二言語二文化主義の範囲を超えるカナダ社会の多様な文化と言語を積極的に承認、保護、奨励すること、多人種多文化社会から人種差別をなくすことを二本柱にして運営されている。カナダの多文化主義は、基本的にはリベラル民主主義の許す寛容な価値観の枠内で文化の多様性を尊重する限度にとどまる「内包的な多文化主義」（Inclusive Multiculturalism）である。その意味では逆差別措置が支配する米国型の内容の濃厚な多文化主義とは違っている。

英仏二言語二文化主義のもとでは、同化は元々不可能なことだった。英仏系以外だけに主流の文化への同化を要求することも条理に反する。そのためにカナダでは最初から人種のルツボの神話は誕生せず、カナダ人はカナダの社会を多彩なモザイクにたとえてきた。つまり、世界各地からの移住者の多彩な人種と民族と文化の色がカナダというモザイク模様を形成しているというわけである。しかし、モザイク・モデルがカナダ社会における多文化共生と人種間の自然調和を保障するわけでもなく、カナダ国内、特に有色人種の間には公的空間でも私的空間でも人種差別撤廃を求めて闘争をさらに強化する気持ちを露骨に表現するグループも多い。

4　豪州の多文化主義——自画像を変える試み

豪州への初期の移民は欧州の犯罪人を主とするもので、一七八八年以降、約一六万人の囚人（一般犯罪人）が刑務所職員とともに移住してきた。一七九〇年代以降になると、自由な移民の定住が始まった。一八二〇年代には英国からの自由移民がふえ、五〇年から六〇年にピークに達した。この時代（ゴールド・ラッシュ）の非英国系移民の最大の集団は中国人労働者だった。最近では過去五〇年間の間に世界の一五〇カ国以上から約一五〇万人の移民が豪州に定住した。そして、豪州は活気あふれるダイナミックな多文化多人種国家として新たに生まれ変わった。公の政策としての豪州の多文化主義は英語を母国語としない大量の移民、特にアジア系移民の定住が生み出した諸々の問題に対処しようとするものである。豪州で多文化主義が誕生するまでの過程は次の三段階に分けることができる。

★第一期（一九〇一〜六〇年代中頃）——同化主義の時代

この時代はいわゆる白豪主義の時代で、英国系の移民が優先されたが、他方南欧を含むヨーロッパ系の受け入れを計画的に進めた。非英国系の白人移民は彼らの言語と文化を放棄して、豪州の人口と見分けがつかないほどに現地社会に素早く吸収されることを条件にして受け入れられたのである。この政策のもとでは非欧州系の移民は基本的には排除された。この政策は第二次世界大戦後の豪州をめぐる内外の状況変化、特にアジア諸国との関係において維持不可能になった。というのは、問題にされるのは「豪州のアジアを見る目」だけでなく、「アジアが豪州を見る目」もあったからである。

第二次大戦後、特に六〇年代以降豪州は、英国の国力衰退によるアジア、豪州離れの傾向が強まるなか、英国を頼らずに独自にアジア・太平洋国家として生きる道を真剣に摸索しだした。豪州の政治的、経済的な関係は米国だけでなく、日本、韓国、ＡＳＥＡＮ諸国とも深まっていった。経済的にはアジア市場依存をいっそう強め、特に鉄鉱石、石炭、羊毛など原材料の輸出市場として日本の重要性は飛躍的に拡大した。中国の動向、朝鮮戦争、ベトナム戦争、インドネシアの共産化などを目の当たりにして、安全保障上も豪州はインドネシアの動向を中心にアジアに対する戦略的な関心を高め、アジア太平洋の自由陣営との戦略的な利害の共有意識を高めていった。対アジア接近を急速に深めていく過程で豪州はその移民政策の倫理的妥当性を疑いだし、白豪主義を続けるかぎり、アジア諸国の信頼も友情も得ることができず、アジア太平洋コミュニティーの一員として生きることが不可能であることを覚るようになった。八九年にホーク首相はアジア太平洋経済協力会議（APEC）を提唱、豪州はASEAN地域フォーラム（ASEAN外相会議が提唱した地域安全保障対話フォーラム）に参加している。

豪州がアジア太平洋国家として生きる最終決意をもているかどうかについては、基本的には白人国家である豪州国内の動きとも関連して、アジア諸国の間には依然として豪州をアジアの「他者」と見る目、アジアの特定のフォーラムから豪州を排除するような傾向もある。現にマレーシアのマハティール首相の提唱した東アジア経済圏構想あるいはアジア欧州首脳会議に対する豪州の参加は想定されていない。最近においては、豪州のアジア指向は、九三年にキーティング首相（労働党）提唱した共和制移行構想（一九〇一年に英国女王をいだく英連邦内の立憲君主国家になってから一〇〇年目にあたる二〇〇一年に英連邦から離脱して共和国連邦になろうとする構想）の国民投票によって試された観がある。同構想は僅差で敗れたが、構想自体は今後も多くのアジア系国民を擁し、ますます多文化していく豪州の国民の間で生き続け、国民投票の舞台に再登場するに違いない。

★第二期（一九六〇～七二年）――統合主義の時代

一九六六年自由党・国民党連合政権は白豪主義を廃して「優秀な」非欧州系移民とベトナム難民を

受け入れるようになった。新しい移民政策は、大量の移民、特に英語を母国語としない移民が豪州で定住するときに多くの困難に直面しており、国の直接援助が必要なことを認めるにいたった。移民の民族組織が移民の社会的適応を円滑にするうえで重要な役割を果たしていることを認め、七〇年代初頭以降、これらの組織に対する財政援助が急伸していった。

なお、豪州では、同化（Assimilation）と統合（Integration）の意味が使い分けられている。前者は一つの言語的、文化的な集団がもう一つの集団のなかにほとんど完全に吸収されてしまうことを意味し、吸収される個人は自分の文化的なアイデンティティーを放棄するのである。統合は少数者集団が支配的な文化に全面的に屈服してしまうことを意味せず、少数者集団の文化も支配的な文化に影響を与え、その影響のもとに支配的文化もある程度変容する。統合は文化的多様性を積極的に奨励したりはしないが、全ての人々が「統合された文化」を採用することを期待している。

★第三期（一九七二年以降）――多文化主義の時代

多文化主義という用語が正式に導入され、少数者集団が独自の言語と文化を奨励するために州レベルあるいは全国レベルで民族組織を結成し始めた。七九年に豪州多文化問題機構が設立され、その後この組織は八七年に連邦総理府の多文化問題庁、八九年に移民多文化問題省に編成替えされている。八九年に連邦政府は、多文化問題審議会の勧告に基づきまた移民社会の聴聞を経て、「多文化主義的な豪州のための国家的議題」と題する報告書を作成、九四年にはこの報告書を再検討している。九六年には、豪州連邦議会も「人種的寛容に関する議会声明」を全会一致で採択した。この文書は人種差別撤廃の問題を超える多文化主義の問題一般についての豪州連邦議会の政策声明という性格をもっていた。
九七年に連邦政府は国家多文化問題審議会を再設置して、同審議会に対して今後一〇年間の問題の分析と政策勧告の提出を求め、九九年に「新世紀に向けた豪州の多文化主義―内包性をめざして」と題する報告書を提出した。この報告書は多文化主義という用語を使用するかどうかについて審議の過程で議論のあったこと、そこでただ多文化主義という代わりに「豪州の多文化主義」とすることになったことを明らかにし、豪州の多文化主義を次のように定義している。

豪州の多文化主義は豪州の文化的な多様性を承認し、祝福する用語である。全ての豪州人は豪州および豪州民主主義の基本的な構造と価値観に対して圧倒的なコミットメントを与える。その枠組みのなかで彼らの独自の文化的な遺産を表現し、共有する権利が受け入れられ、尊重されるのである。豪州の多文化主義は次のことを意図する戦略と政策とプログラムを意味する。第一に、豪州の行政的、社会的、経済的なインフラを豪州の文化的に多様な人口の権利と義務とニーズに適合したものにする。第二に、我々の社会の異なった文化的集団の間の社会的な調和を促進する。第三に、全ての豪州人のために我々の文化的多様性がもたらす利益配当を極大化する。

同報告書がことさら「全ての豪州人の多文化主義」を強調しているのが目立つが、そうすることによって豪州の多文化主義が支配的な文化（国民文化）のなかで周辺化され、不利にされている少数者集団の利益のためだけであると受け取られないように配慮したからだ。しかし同時に、伝統的な国民的アイデンティティー（アングロサクソン中心主義）を死守しようとする保守派勢力にも配慮したものである。米国の国民文化と同じで、移民国家である豪州の国民文化もどちらかというと、政治的、抽象的な内容の文化で、英国の伝統を引き継いだ民主主義国家豪州の基本構造と価値観、公用語としての英語が多数者集団の支配的な文化であるといえなくもない。報告書は次のものを豪州の多文化主義の原則だとしている。

㈠ 市民的な義務（市民たる全ての豪州人に適用される共通の枠組）。
㈡ 多様な文化の受容と相互尊重。
㈢ 社会的公平（人種、宗教、言語、居所、性、出生地に基づく差別の禁止、機会と待遇の平等）。
㈣ 多様性の利益配当の極大化（人口の多様性がもたらす文化的、社会的、経済的な利益配当を全ての豪州人の利益のために還元する）。

多文化主義に反対する勢力が多額の公金の費消を批判の一つにしていることに対して報告書は公費支出がよい先行投資であると反論している。注目されるのは、報告書が「豪州の国民的アイデンティティーが未だ生成の過程」にあり、多文化主義がそれを規定する要素であると明言していることである。つまり、アングロサクソン的なアイデンティティーを豪州の最終的な国民的アイデンティティーとすることを否定している。

カナダの多文化主義と同じで、豪州のモデルもリベラル民主主義の許す寛容の精神性の価値観の範囲内の内包的な多文化主義と呼ばれるものであろう。カナダがケベック州の問題に苦慮しているように、豪州も先住民（アボリジニ）の問題に苦慮している。豪州の先住民の問題は、第一に、英国の植民者が過去先住民に加えてきた不正義と抑圧（先住民の土地の収奪、「失われた世代」と呼ばれる白人の血を引いた先住民の子供の誘拐隔離、先住民の多様な文化の破壊など）に対して謝罪と補償をすること、第二に、先住民の土地の権利を回復すること、第三に先住民を現在の国家と社会のなかで甘んじている悲惨な状況から救出すること、である。

一九九三年に、キーティング首相（労働党）は約三〇万人といわれる先住民の先住権を保護する法案の骨子を公表した。法案は、先住民に対する「先住権」の承認、補償、交渉権の承認、特別裁判所の設置などを規定していた。先住民問題の最終解決にとって最も重要な土地所有権の回復問題は鉱山リース権については期限終了後しか権利の発生を認めないなど不満足なものだった。英国人が豪州を植民地化した当初から先住民の権利は否定されていた。その根拠は植民化された土地が無主物だったという主張だった。九二年の豪州の高等裁判所の判決はこの原則を否定している。九三年の先住民土地権利法は「豪州は英国人が到来する以前に既に占有されていた」ことを認めるにいたった。この法律は先住民にとって一歩前進ではあったが、豪州の現在の土地所有関係は錯綜していて、現実には容易な解決を不可能にしている。

ハワード首相（自由党）は先住民の先住権を制限する政策を堅持しており、先住権制限法案を議会に提出、下院は承認したが、上院は九八年四月に否決している。他方、同首相は先住民との「和解の過程」を進めることを望んでいるが、謝罪と補償については頑強に拒否している。先住民の問題が円満に解決されないかぎり、豪州の多文化主義も人種的寛容も本物といえないであろう。九七年に開催された「豪州における和解のための大集会」は和解を国家の最大の政治的課題と規定し、そこで採択された「国民への呼びかけ」は先住民とその他の豪州人の間の和解が調和のある公正な社会として豪州を再生させるときの中心的な課題であると述べている。二〇〇一年一月一日に先住民和解審議会法の期限が到来したが、現状では和解の見通しは立っていない。上述の多文化問題審議会の報告書は現政権への遠慮があってのことであろう、先住民との和解については一般論に始終し、具体的な提言を避けている。

豪州の多文化主義は思想的に七〇年代前半のウィットラム政権（労働党）以降に前進、七〇年代後半以降には公営多言語放送、多文化教育、有色人種の公務員登用・昇進などが具体化していった。その後に成立したジョン・ハワード政権（自由党）は伝統的なアングロサクソン至上主義を復活させた観があり、この政権のもとで人種差別を公然と標榜するような白人政党も台頭、労働政権時代に進捗を見せた多文化主義が後退している観もある。

5　英国の多文化主義──人種差別禁止対策中心指向

★ 大英帝国臣民権を白人化する移民政策

大英帝国（旧英連邦）も、それが解体された後の現在の連合王国（イングランド、スコットランド、ウェールズ、北アイルランドからなる）も多国民国家で、両者の構築原理には多文化主義の要素がある。しかし、現在の多文化主義は、法的にはもともと本土の英国人（白人）と同じ市民的、政治的権利をもつ平等な市民として英国本土に移住してきた旧英連邦市民（有色人種）を英国社会のなかで実質面でも平等な市民として処遇しようとする政策である。英国本土の人間（白人）と移民（有色人種）の間の関係を上手に管理することが英国の多文化主義政策のなかでも最も重要な目標だった。つまり、英国社会に統合していく過程において皮膚の色が違うために生じる壁（人種差別）をどう取り除くかが英国の公の多文化主義の基本的なテーマなのである。

過去、英国の移民政策は、一貫して人種の問題に支配されてきた。移民政策は最初から欲せざる移民（有色人種）を排除するという消極的な政策だった。大英帝国の時代には、植民地の原住民も英国本土の人間も英国女王に忠誠を誓うことで平等な大英帝国臣民権を享受してきた。第二次世界大戦後、旧植民地の英国臣民（有色人種）が平等な臣民権を正当に行使しだし、大変な事態になった。一九四八年六月に四九二人のジャマイカ人がエンパイアー・ウィンドラッシュ号で英国に来航するという事件が起きて英国政府当局を震撼させた。

移民政策は「国家に属する者」と「国家に属せざる者」（外国人）を区別する国籍（市民の地位たる市民権）の概念を基礎にして組み立てられる。英国にとっては帝国臣民の概念を基礎にして移民管理を実施することは不可能だった。というのは、英国国籍法（一九四八年）上、地球の表面の四分の一に居住する八億人近い人間が英国本土に入国居住することができる権利（英国臣民権）をもっていたからである。そこで、英国政府は英国本土に入国居住できる者とできない者を振り分けるために人種の概念を使ったのである。

英国の移民政策は英連邦諸国の有色人種だけを締め出し、英国人移住者（白人）だけの本土帰国を可能にすることにあった。英国の歴代の移民法（一九六二年、六八年、七一年、八一年）は年を経るごとに有色人種移民を制限する路線を強めていった。六八年の英連邦移民法は、英国政府の旅券を所持する二〇万人のケニア在住の「東アジア人」（ケニアのアフリカ化政策の犠牲になったインド系）から英国本土に入国する権利を奪ってしまったのである。それは自国民を自己の領土に入国させる国家の基本的な義務に反する行為だったから、欧州人権委員会は英国政府の政策を批判した。第二次世界大戦後、英国は「欧州ボランタリー労働者計画」の名のもとに三五万人のポーランド人などを永住者として導入した。白人であれば、英国政府は女王陛下の臣民よりも外国人の方を好んだのである。

第二次大戦後、英国民の間に有色人種の移民が英国社会の調和と一体性を乱すという危機感が広がっていたので、英国議会と政府としては「良き人種関係を保つため」と称して厳重な移民管理ができた。それを可能にしたのは、第一に、国民の間に有色人種の移民に反対する世論が強かったこと、第二に、移民の人権を保護するような制定憲法がなかったこと、第三に、裁判所に移民の人権を保護するような司法積極主義の姿勢がなかったこと、だった。第二と第三の点は、英国をドイツと違ったものにした。ドイツでは、憲法裁判所が司法積極主義の名においてドイツ基本法（憲法）の人権規定を援用しながら、移民の保護のために奔走したからである（クリスチャン・ジョップケ教授）。

七一年の移民法で第一義的移民が完全な管理のもとに置かれると、次の焦点は第二義的移民（家族呼び寄せ）に移った。ここでも、英国の移民管理は効果的だった。国家は第一義的移民を入国させるかどうかの自由をもつ。しかし、家族呼び寄せについては、特に移民が受け入れ国に所望されて入国した場合には、国家の自由は法的にも道徳的にも制約されるものである。家族権という基本的人権が働くからである。英国の場合は、ここでもあまり制約がなかった。プラグマティズム思考の英国は移民の世界には当然インチキの部分があるという猜疑心をもって、真正な移民とインチキの移民を区別するために徹底的な措置をとったのである。

英国の亡命政策も同じように厳しいものだった。八〇年代の中頃に家族呼び寄せ移民の道が塞がれると、亡命・難民が移民の捌け口になった。英国はその捌け口を素早く覚ったのである。英国の亡命の歴史は一六八五年にナントの勅令が廃止されたためにカトリック教会の迫害を受けて英国に逃れてきた新教徒（ユグノー）を亡命させたときにまで遡る。それでも、九三年に「亡命移民上訴法」が制定されるまで英国には独自の亡命関係法はなく、七一年の移民法と移民規則が準用されてきた。八五年のタミール人の到来とともに英国の大量亡命時代が開幕したとき、英国政府は亡命申請者を単なる経済難民にすぎないとみていた。

島国のために欧州大陸諸国に比べて国境管理が容易だという利点もあるが、八五年以降、英国は難民の流れをいち早く察知してはいつも迅速に厳格な入国管理体制を敷いた。八七年には「運送者責任法」が制定されて、有効な旅券なしに英国の港に乗客を運送した運送者に多額の罰金を課するという制度も確立された。このような背景があり、英国の亡命・難民受け入れ数は欧州でも最低である。英国政府の強硬な措置は悪名高く、欧州裁判所でしばしば問題にされることもあったが、八〇年代後半以降、欧州連合も旧東欧諸国から押し寄せる大量の亡命・難民を前にして政策を厳しいものにせざるを得なくなり、英国の制限主義的な亡命・難民対策のモデルが欧州の最小公倍数になった観がある。

英国の移民政策の基本には国境地点の厳しい入国管理、移民の運命を自由に左右できる行政権の絶対的な裁量権というものがあった。欧州の批判があるにもかかわらず、英国は不法移民、テロ対策、麻薬取締の名において厳しい国境管理を譲ることはしない。また、英国は国境管理の権限を欧州連合に移譲してしまうような統合のアプローチに反対し続け、自国の国家主権を維持できる政府間協力のアプローチに強く拘っている。「モノ、ヒト、サービス、資本が自由に移動できる内国国境のない地域」を設定しようとする欧州連合理念に英国の生き方は逆行していると批判されている。

ドイツは、ナチス時代のマイナス遺産（欧州各地でのナチスの迫害が大勢の亡命者を生んだ）があったために、伝統的に亡命・難民の保護に寛大だった。ドイツの場合は、欧州レベルの共通の引き締め政策に助けられて、押し寄せる難民の波に対処できたのである（後述）。

★人種関係の管理――移民統合政策の基本

前述したように英連邦移民は正式な市民として英国本土の人間（白人）と同じ市民的、政治的権利をもった状態で英国本土に移住してきた。だから、英国政府は、形式的な平等を実質的な平等にするために、移民を英国の社会福祉国家体制のなかに統合しようとした。それは移民に適当な住宅、雇用、保健サービスを与えることを意味した。しかし、移民の社会統合政策はそれ以上のことを意味する。皮膚の色が違う有色人種移民をどうやって英国社会に統合するかであり、それはまずもって皮膚の色が違うために起きる人種差別と闘うことを意味したのである。つまり、英国の多数者集団（白人）と少数者集団（有色人種）の間の関係を社会の平和と安全のために上手に管理することにほかならない。

英国人は彼ら特有のプラグマティズムから有色人種が英国社会に吸収される可能性が少ないことをいち早く覚ったのである。彼らの本能的なアプローチは文化複数主義的な多文化主義であった。一九五〇年にアーネスト・バーカー卿は「アフリカ人はアフリカ人のままにしておいた方がいい。もっとも良いアフリカ人になるように奨励はしなければならない」という趣旨のことを言っている。土着の人間（有色人種）が旧大英帝国の周辺部から帝国の中央部に移ってきても、彼らが英国人になることは不可能だし、英国人になることは期待もされていないということだ。六〇年代にイノック・パウエル議員（保守党）も悪名高い発言を残している。「西インド人やインド人が英国で生まれたからといって、英国人になれるわけではない。英国で生まれれば、法律上は英国の国籍を手にする。しかし、事実はあくまでも西インド人であり、インド人であり続けるのだ」。

ロイ・ジェンキンズ内務相（労働党リベラル派）は「統合は移民が独自の国民性や文化を失うことを意味しない。英国には人種のルツボ（六〇年代当時の米国型の統合モデル）は必要ではない。統合は文化の違いを叩きならして平らにすることではない。相互寛容の雰囲気のなかで文化的な多様性を維持したままの平等な機会だと考えるべきだ」と述べている。物の言い方に品位の違いはあるが、イノック・パウエル議員もロイ・ジェンキンズ内務相も同じことを言っている。両者の発言の根底には、異文化（他者）が英国社会（自分たち）のなかに入ってくること、他者（異文化）が英国文化を帯びることを拒否するような英国人の姿勢が見える。英国の多文化主義には移民社会と英国社会を別物と考え、両者を分けたままの状態にしておくような考え方が滲んでいる。

英国の政治エリートは有色人種の移民の社会的統合を社会と経済の自然の力に任せておくことはしなかった。上からの恩寵主義の視点から、国家の意識的な政策として移民の統合問題に取り組んだのである。英国の多文化主義は二本の柱から成り立っていた。一つは、英国社会の良好な人種関係を維持するために政策的な管理を行うこと、もう一つは英国のリベラル民主主義の伝統とコモンロー（英慣習法）のプラグマティズムの精神に則り、文化的な複数主義に国家が寛容な態度を示すことだった。

★ 人種関係立法

人種関係の管理は具体的にいえば、直接的および間接的な人種差別を禁止することである。英国はそれを一連の「人種関係法」（Race Relations Bill）を軸にして行ってきた。一九六五年に人種関係法が制定された背景には、黒人を社会的に統合しようとした米国の公民権モデルを参考にしながら、先見の明によって米国のような人種問題を避けたいという英国の政治エリートの思惑があった。米国の公民権法と英国の人種関係法の違いは、前者が社会運動の圧力の結果として生まれたのに対して、後者は政治エリートの恩寵主義的なイニシアティブによって生まれたことである。

米国の公民権法は個人（黒人）の権利保護を目的にしているが、英国の人種関係法は公の秩序の維持を目的にしている。公の場で差別される人々の気持ちを強烈に傷つける露骨な人種差別は公の秩序と平和を乱すという考え方である。英国では差別された個人を救済することよりも公共の秩序と平和を維持することに法律上もっと大きな比重がおかれている。それだから、人種差別を犯罪として刑事法上の制裁でもって是正するというよりも、民事法上の救済措置（和解）をもって是正するという性格が強くでている。

六五年の法律はパブ、ホテルのような公共の場での差別を違法とした。六八年の法律は住居、雇用、保険の分野での差別を新たに違法とした。七六年の法律は新たに間接差別を違法化した。直接的な差別は人が他の人を皮膚の色、人種、国籍、民族あるいは出身国を理由にして不利な扱いをするときに成立する。間接差別は、特定の人種、文化の人々が同じように遵守できない条件を課し、しかもそのような条件が合理的にみて正当化されず、これらの人々に不利に働く場合に成立する。後述のように着用すべき十分な合理的な理由がないのに、制帽・ヘルメットの着用を雇用あるいは入学・在学の条件にするときにはインドのシーク族（宗教的慣習からターバンのみを着用）を差別（間接差別）することになる。

英国の人種関係法は「人種を表に出さないアプローチ」をとる。それは有色人種を人種の概念で定義しないように配慮することを意味する。例えば、有色人種が集中する地方公共団体を表現しようとするときに「コミュニティーの言語と習慣とは違う言語をもつ住民を相当数抱えている地域」と表現したり、移民の集中する都市区域の貧困ゲットーの問題を「疲弊した地域の問題」と表現する。それは特定の人種に失礼になるという配慮ではなくて、特定の少数者集団だけのために特別措置をとるという米国流の逆差別措置（Affirmative Action）をあくまでも避けるという英国の姿勢を反映しているのである。しかし、英国でも、七六年の人種関係法に無差別（機会の平等）の原則に対する例外措置を「積極措置」（Positive Action）の名において認めた。雇用者が過小に代表されている少数者集団の被雇用者に職業訓練を与えること、少数者集団のメディアに広告を出すことを認めたのである。

八〇年以降に地方都市で人種問題にからむ騒擾が頻繁に起こるようになると、地方公共団体は積極的措置と逆差別措置の中間をいく灰色措置を争うようにしてとった。人種騒擾事件の原因が西インド系、南アジア系の移民の若い第二世代の置かれた悲惨な社会的条件（失業、無技量、無資格、人種的疎外）にあること、人種的な不利な状況という構造的問題が全ての人に社会福祉の利益を拡げるという普遍主義のアプローチだけでは解決されないことが認識されるようになったからである。

★ 英国の多文化主義の源泉

英国の多文化主義の背景にあるのは、①英国が過去民族と文化を異にする植民地を統治した経験から得た知恵、②リベラル民主主義の寛容精神、③原則主義を排する英国の慣習法（コモンロー）特有のプラグマティズム（特に禁止されないかぎり許されという法的思考）、④英国自体の多国民性（連合王国の国家構造)、⑤移民から同化を要求しない原則、などである。これらの要素が英国を文化的複数主義的な考え方に対して英国社会を著しく寛容にしている。

コモンローは道徳的な嫌悪を催す習俗習慣(例えば、多重結婚、強制結婚、女性割礼など)でないかぎり、外国の習俗習慣を違法とせずにこれを認める柔軟性をもちあわせている。英国の寛容と柔軟性とプラグマティズムによって一部の民族的、宗教的な少数者集団を制定法の適用から免除することが行われている。例えば、宗教的な慣習からターバンを着用するシーク教徒(インド系)が適用を免除されている制定法は次のとおり広範にわたっている。

雇用法(一九八八九年)は、建設現場で安全ヘルメットの着用を義務づける「建設(頭部保護)規則」(八九年)の適用からシーク教徒を免除している。「モーターサイクル負傷防止(宗教的免除)法」(七六年)はシーク教徒についてはターバンを着用することを条件にモーターサイクルに乗車するときに安全ヘルメットの着用を免除している。「屠殺法」(七四年)、「養鶏屠殺法」(七六年)は宗教法・習慣を異にするモスレムとユダヤ人に配慮して、屠殺前に動物を気絶させる法的義務から免除している。「水資源法」(八九年)はヒンズー教徒とシーク教徒の葬儀習慣を考慮して、海中と河川に遺灰を散布することと水葬を認めている。

教育と雇用の面でも、多文化主義的な寛容が実践されている。七六年の人種関係法が導入した間接差別禁止規定は少数者集団の習俗習慣の保護に役立っている。「マンドラ対ドウェル・リー事件」(八三年)において、上院(最高裁)はシーク教徒の少年がターバンを着用しているのを学校の服装規則に反するとして、学校長が入学を認めなかったケースを違法とした。法による間接差別は、宗教に規定されるような髭を生かすこと、帽子の着用、祈祷と宗教行為を遵守するための休憩を安全、衛生、仕事の時間割に名を借りて差別することを不可能にしている（クリスチャン・ジョップケ教授）。

英国議会は九三年に雇用主が差別行為を避けるために守るべき慣行リストを作成した。このリストは制定法上人種関係法の重要な実施主体の一つになっている人種平等審議会（地方自治体レベルで設置）のための行動規範として考えられたものであるが、同規範は被用者が現行の就業規則と矛盾するような宗教的、文化的ニーズをもっているときには、雇用主としてはそのようなニーズを満たすために就業規則を調整することが可能かどうか検討してみるべきだとしている。そこで被用者の保護されるべきニーズとして例示されているのは、モスレムの祈祷時間、宗教休日、アジア系婦人のサリーとショール、シーク教徒のターバンなどである。

筆者は六〇年代に英国で学んだ当時、英国の服装規範をはじめ儀礼規範の厳しさに強い印象を受けたが、九〇年代末に英国に行って気がついたのは、英国の公的な空間でも伝統的に厳格だった儀礼規範が多文化主義の影響で相当緩んでいることだった。例えば、シーク系英国人に対する英国の多文化主義的な妥協が英国の社会のいたるところで目立つ。警察官は青色のターバン、ウィンブルドンではテニス審判とラインズマンは緑色のターバン、交通警察官は黄色のターバン、弁護士と裁判官はかつらの代わりに白色のターバンを着用している。世界のどこの国でも、ポロの試合のときには、安全のために硬質のポロ用ヘルメットを着用するのが厳格な規則になっているが、シーク教徒（インドのポロ選手にはシーク教徒が多い）はターバンを着用するだけでよいとされている。彼らの身の安全よりも宗教的文化的習慣の遵守を優先的に尊重する趣旨である。

多文化主義は教育の場でも目立つ。それを下支えしていうのは、八五年にスワン卿を委員長とする委員会が政府に提出した報告書「全ての人たちの教育」である。六〇年代には教育は移民を同化する役目を果たすべきだという哲学があった（六三年の英連邦移民統合諮問委員会の報告書は「国の教育制度は移民集団の違った価値観を恒久化するものと期待してはならない」と記載）が、この報告書はそのような哲学を完全に放棄している。七三年の「人種関係と移民に関する報告書」の報告書は「移民の子弟は移民であるが、それ以外に良い道がないからそれに甘んじている。移民の子弟の状況を疲弊地域の全ての子供と同一視してはならない。特別の問題は特別の治療を必要とする」と述べる。西インド系の子弟の学校成績の悪い原因を調査するための七九年の政府委員会は「学校は多人種・多文化的な英国社会において全ての生徒をそれぞれの人生に向けて準備させる場所である」と言い切っている。国レベルで多文化主義的な教育哲学が浸透するに従って、地方自治体レベル（教育権限をもつ）では、多文化主義カリキュラムの編成、多文化主義の観点からの教師再訓練、少数者集団系の教師を採用する動きが広がっていった。

上記のスワン卿の報告書（八五年）は「英国は凝集力のある、文化的に多様な複数主義社会である。そこでは完全な同化主義の危険も完全な分離主義の危険も回避しなければならない」と述べたあと、「文化複数主義的な理念を伝統的な英国らしさからの逸脱と見てはならない。それは複数主義的であり、ダイナミックに絶えず変化する英国本来の性格に沿ったものである」と言い切っている。そして報告書は「蔓延する人種差別主義に対抗していくためには、全ての子供（白人と黒人の子供）に多文化主義的な教育を施さねばならない」と結論している。

スワン報告書は移民の統合を移民だけに一方的に要求されるものとみなす多数者集団中心思考からきっぱりと決別している。全ての文化とアイデンティティーを平等に尊敬し、多様性自体に本質的な価値を認めるような生き方が強調されているが、他方多数者集団と少数者集団を同じように取り扱う横並び主義も感じられる。例えば、報告書は「人種主義の悪は白人だけの悪ではない」と述べている。

英国の全ての学校と教師の間に多文化主義を浸透させるのは国家的な大事業である。それは中央政府からの強制的な指示がなければ、実現しない性格のものであろう。しかし、そういう中央集権的なアプローチは、英国の公の教育制度の伝統的な規範として確立している地方分権主義と地方自治の原則に反する行き方で、容易には実現しないものである。それにもかかわらず、多くの地方でスワン報告書の勧告を自発的に採用する形で多文化主義カリキュラムの編成、多文化主義的視点からの教師の再訓練、少数者集団に属する教師の積極的登用が進んだことは前述したとおりである。

先に述べたように英国の多文化主義は社会運動を基盤にせずに先見の明のあった政治エリートの上からの恩寵主義による、言ってみれば官製のもので、もともとその基盤には脆弱な面があった。そのために八〇年代以降、不公平な社会構造に欲求不満を募らせた移民社会の若い世代の間に人種差別反対運動が過激化しだすと、多文化主義の穏健ムードも吹っ飛んでしまうような雰囲気が生まれたのも事実である。

6　ドイツの多文化主義――ドイツ民族国家哲学の修正

★ 過去との決別

ドイツの国民国家は歴史的にドイツ文化とドイツ民族を基礎に成立した。欧州のなかにあっても、伝統的にドイツの国民国家は特別に強い民族的、文化的な意味合いをもってきた。しかし、今日のドイツは多国民多文化社会に変化している。そのような変化はドイツに居ついて移民と化した外国人労働者、彼らの呼び寄せた家族、ドイツで生まれた彼らの第二世代と第三世代、一九八〇年代以降に起きた大規模の亡命難民の流入を背景にしている。現在のドイツの多文化主義的思考は変化したドイツ社会の現実に適応しようとする国家と社会と国民の努力を反映している。その努力はドイツ人自身が伝統的な自己イメージ（ドイツ民族国家）に拘りながら葛藤している姿を彷彿とさせる。

この葛藤はドイツ国民国家の会員資格（国籍）の再定義をめぐるものである。それまで、伝統的にドイツの市民の地位は民族性と血統を要素にして定義されてきた。つまり、血統主義の伝統があるためにドイツでは国民国家の会員資格を得る道は移民には「閉ざされた」ものであり、ドイツ国民はドイツ民族だけで構成されるという民族的国民（エスニック・ネイション）の概念が支配的だった。それ故、ドイツの多文化主義はドイツ民族以外の民族にもドイツ国民になる道を大きく開放することを意味した。

これまでドイツの多文化主義は在住外国人をそっちのけにしてドイツ人の間だけで行われてきた観がある。米国、カナダ、豪州と同じ意味での移民国家ではないドイツでは、多文化主義は伝統的な国家と国民の概念を変えてしまうような深刻な問題であるから、無理もなかった。というのは、国家の継続事業として繰り返される移民を通じて国民国家が形成されてきた移民国家と違って、ドイツではドイツ民族を基礎にして高度に民族的な国民国家が出来上がった後に「意図されざる移民」が行われたからである。

ドイツの国民的議論は、外国人をその地位にとどめたままにしてドイツ国民のもつ全ての権利を外国人にも与えるという初期の議論から外国人をドイツ国民にする議論に向かって次第に移行していった。ドイツの世論が変化した背景には、移民が永遠の外国人の地位に甘んじているがために彼らを生け贄にする外国人排斥運動を激化させているという認識が生まれたこと、ドイツで生まれドイツしか知らない外国人労働者の第二世代第三世代でさえをも国民社会から排除したままにしておく、ドイツの血統主義的な国民概念のグロテスクな理不尽さが顰蹙をかったことである。

外国人の法的地位を明確にした一九九〇年の新外国人法は市民権（国籍）取得の条件として文化的同化を要求することを止めた。その後も、移民の第三世代に出生地主義に基づく市民権を与えようという意見が強まった。そして、ついに九九年の国籍法は伝統的な鉄則であった血統主義を出生地主義をもって補ったのである。純粋な血統主義の欧州の最後の牙城だったドイツが陥落したのである。米国の多文化主義が過去のマイナス遺産（黒人に対する人種差別）に対する強い償いの意味があるように、ドイツの多文化主義にもドイツ民族の過去の罪に対する贖罪という意味合いがある。つまり、ドイツ民族がナチス時代に民族的な優越性の名において犯した大罪があるために、第二次大戦後のドイツでは、ドイツの民族性と血統を重視するような価値観を表立って主張できない雰囲気があったのである。

★ 移民国でないドイツに流入した大量の移民

ドイツは一九五〇年から九三年までの間に、一二六〇万人の移民を受け入れた。七三年に外国人労働者の導入が停止されたが、七七年の段階で外国人労働者の数は四〇〇万人に達していた。七三年から八〇年の間に外国人労働者は二五九万五〇〇〇人から二〇七万人にまで減少したが、同じ時期の外国人の絶対数は三九六万六〇〇〇人から四四五万人に増加した。ドイツに居ついた外国人労働者の家族呼び寄せと子供の出生によるものである。八〇年代末以降には、東欧諸国、トルコ（主に少数民族として迫害の対象になったクルド人）からの亡命者難民が急増した。流入した難民の数は、八八年が一〇万三〇〇〇人、八九年が一二万一〇〇〇人、九〇年が一九万三〇〇〇人、九一年が二五万六〇〇〇人、九二年が四三万八〇〇〇人と鰻登りだった。また、八九年までに西ドイツは一四〇〇万人のドイツ人難民を受け入れた。

ここで、難民と外国人労働者の定義についてふれておきたい。国際的にレフュジー（Refugee）とディスプレースド・パーソン（Displaced Persons）という区別がある。前者は難民条約（一九八二年）上の人種、宗教、政治的意見などの理由で本国に戻ると迫害を受ける人である。後者はいわゆる「経済的難民」と呼ばれるカテゴリーに属し、経済的理由や本国の政府を嫌って母国を棄てた人である。これに対して外国人労働者は契約に基づき一定の期間外国で労働するために一時的に定住する人たちである。後述のドイツの「ガスト・アルバイター」(ゲスト・ワーカー)がその典型である。

大勢の外国人の流入を前にしながら、ドイツ人は「ドイツは一体誰の国だろうか?」と自問自答したに違いない。最大の外国人はトルコ人だった。だから、ドイツ人にとって「外国人問題」は「トルコ人問題」である。巨大な数の外国人の流入・定住現象があったにもかかわらず、あくまでも「ドイツは移民国家ではない」というのがドイツの公の政策であり、ドイツとドイツ人が描き続ける自画像であった。ドイツにとって、外国人労働者の導入は、あくまでも移民とは性格の違う一時的な外国人労働力の導入であったのである。しかし、結果的には、大量の外国人労働者が居つくという意図されざる現象が起きた。その意味では、ドイツ人にとっては、外国人労働者の導入は「二度と繰り返してはならない過去の歴史の誤り」なのである。

移民国家である米国、カナダ、豪州の「繰り返される移民」は、ドイツ民族とドイツ文化を本質的要素とするドイツ国民国家の概念と相容れないのである。第二次大戦後、ドイツが東西両ドイツに分裂した結果、ソ連・東欧諸国内で多くのドイツ民族が「流浪の民」と化した。ドイツ連邦共和国(西ドイツ)の基本法(憲法)の前文と第一一六条は、流浪の民となったドイツ人がドイツに再統合され、ドイツが再統一されるまでは、ドイツは国民国家として「未完成な暫定的政治コミュニティー」であることを明確にしていた。そして、共産主義から逃れてくるドイツ人にドイツ国籍が自動的に与えられる体制になっていた(第一一六条)。

「未完成な暫定的政治コミュニティーとしてのドイツ」という考え方のもとでは、ドイツ民族の国民国家を外国人（移民）のために開放することは、ドイツの国民的アイデンティティーの根幹に抵触するもので、到底受け入れる余地がなかったのである。正にその理由のために、外国人労働者導入計画は、移民計画ではなくて、完全雇用のなかのインフレ圧力に対処するための労働政策にしかすぎなかったのである。こうして、ドイツ連邦政府は、一九五〇年代、六〇年代にイタリア（五五年）、スペイン、ギリシャ（六〇年）、トルコ（六一年）、ポルトガル（六四年）、チュニジア、モロッコ（六五年）、ユーゴ（六八年）の各国政府との間に労働者募集協定を結び、外国人労働者を導入したのである。

全ての関係者の間には、最初から外国人労働者が臨時のもので、最終的には本国に帰国させられることについて明確な了解があった。外国人労働者問題の討議される場は顧客政治の支配する空間だった。導入計画の決定に関与・参画したのは、雇用主、外国人労働者募集に関係した官僚組織、労働組合だけで、議会はほとんど関与せず、国民的な議論も行われなかった。労働組合は最初不安を表明したが、雇用の配分に際してはドイツ人労働者が優先されること、外国人労働者に安価な賃金が支払われることによってドイツ人労働者の賃金が押し下げられる結果にはならないことが保障されて、最終的には黙ってしまったという。

★　泥縄式の外国人政策形成過程

外国人の法的な性格を明確にして、外国人の地位を議会のコントロール下に置くために、新外国人法（一九六五年の外国人法の改正）が制定されたのは一九九〇年である。それまでは、ドイツの外国人政策は、立法過程でも政策過程でも、一貫性を欠くような泥縄式の性格が目立った。移民に猛反対する極右政党（共和党）の台頭以降、外国人政策を政党政治の枠外に置こうとする自制心が働きはしたが、伝統的にドイツの外国人問題は、保守派（ドイツ人優先思考の移民制限派）のキリスト民主同盟（CDU）、キリスト社会同盟（CSU）、自由民主党（FDP）と進歩派（移民擁護派）のドイツ民主党（DDP）、社会民主党（SPD）、緑の党（グリーン）の間の政争の道具と化し、国内政治上の綱引きの場になる傾向があった。

外国人問題の管轄権は、連邦と州の両方にまたがり、権限関係は複雑な面もあるが、それでも州の権限が圧倒的に強い。それ故に、ドイツ連邦全体としての一元的な政策の遂行が難しくなるのは事実である。各州には、移民のニーズと移民の経済的社会的インパクトの違いがある。政権の座にある政党の性格の違いもあって、連邦政府の政策勧告に対しても常にまちまちに反応してきた。ドイツの外国人政策に連邦レベルでも州レベルで大きな揺れが目立ったのは、そのためである。それでも、伝統的にバーデン・ビュルテンベルグ、ベルリン、シュレスイッヒ・ホルシュタイン、ババリアの各州が移民制限主義者で、ロワー・サクソニー、ノース・ライン・ウェストファリア、ブレーメン、ハンブルグの各州が移民に対してもっとリベラルだった。

外国人労働者の募集停止（一九七三年）以降、亡命難民が家族呼び寄せに次ぐ事実上の移民の捌け口になった。ドイツでは、亡命は個人（政治的難民）の権利として憲法上の厚い保護があった（ドイツ基本法第一六条）。他の国では、亡命は政治的難民に対して国家が亡命を与える国家の権利として考えられてきたのと非常に対照的である。ドイツでは、ドイツ人でない難民も憲法上の厚い保護を受ける。そのような権利には保護を求めて憲法裁判所に訴える権利も含まれている。亡命難民に対するドイツの寛大な姿勢はナチス時代に犯された迫害に対する贖罪という意味があることは既にふれた。

戦後のドイツでは、外国人労働者関連の移民（家族呼び寄せ）が拡大の方向に進んできたとすれば、亡命難民は逆にいっそう制限される方向に進んできたといえる。それは寛大すぎたドイツの戦後の亡命難民政策を欧州連合の共通基準のレベルまで引き下げるという意味があった。つまり、大量の難民の流入するという事態に直面したドイツとしては、欧州連合の立法と政策のハーモナイゼイションに助けられて、難民の流入をある程度抑制できたということである。

★外国人の味方――ドイツ憲法裁判所と外国人ロビー

ドイツに居ついて移民と化した外国人労働者、彼らの家族呼び寄せの権利を擁護したのは、ドイツ憲法裁判所の司法積極主義だった。一九七三年の外国人労働者募集停止以降、ドイツ政府が経験したのは、政府の「移民ゼロの政策」がなし崩し的に撤回されていく過程であった。その過程を推進したのは、ドイツ憲法裁判所だった。ドイツ憲法裁判所は、ドイツ基本法（憲法）の普遍主義的な人権規定に従いながら、外国人の「人」としての権利（市民としての権利ではなくて）を保護していった。そのような権利には、家族呼び寄せを法的に可能にする「家族権」も含まれていた。

裁判所のアプローチは、居ついた外国人労働者に対してアムネスティー（恩赦、つまり正規の在留資格を失っている外国人不法滞在者に在留資格を復活させること）を認める行き方ではなくて、採用契約のなかで最終的な帰国が明確にされていなかった場合とか滞在許可が更新されてドイツ滞在が長くなった場合に、ドイツ法学の期待利益の原理、信頼の原理、外国人をドイツ社会の一部とみなすコミュニティー理論などを使って、外国人に永住権を認めるアプローチであった。

他方、政治エリートの間にも、勝手にやってきた移民ではなくて、招かれてやってきた外国人労働者に対しては特別の道義的義務がある、長年ドイツ社会に住み、根を張った外国人労働者を強制送還することなどできないという気持ちも醸成されていった。外国人労働者募集停止以降、雇用主の役割を中心とした顧客政治が機能する時代は終わっていて、代わって、教会、慈善団体、労働組合の間の外国人ロビーが外国人に対する道義的な義務感を高揚するのに貢献した。

一九九〇年の新外国人法が誕生したのは、そのような発展を反映してのことだった。この法律には、外国人の帰国を云々するような規定は一切ない。同法は、ドイツにいる外国人の七〇％が滞在期間一〇年以上の在住者であること、七〇年以降にドイツで一五〇万人の外国人が生まれたこと、ドイツに在住する外国人の現実を元に戻せないこと、を認めたのである。同法は、過去外国人を「人」として保護してきたドイツ憲法裁判所の判決の内容を個人の権利として明文化したという意味があった。しかし、それでも、同法は、外国人労働者をあくまでも歴史的にユニークな過去の現象だったと考え、将来も非ヨーロッパ系の外国人のドイツ定住と外国人移民を阻止する意図を隠さなかったのである。

★伝統的な国民の意味を変える――外国人をドイツ市民にする

外国人労働者をどうやってドイツの社会と国家のなかに統合するかは大きな問題だった。ドイツ民族国家の自己イメージに固執する人々にとって最大限可能な道は、移民の国籍をいじらずに、移民を統合することであった。それは外国人にドイツ人が享受しているのとほぼ平等な権利を与えることを意味した。市民権（国籍）の有無を問題にせずに、全ての個人に人としての普遍的な人権を保障しているドイツ基本法がそのようなアプローチの法的な基礎を提供していた。コミュニティー主義に立つ近代的な社会福祉原則は、国籍を問題にせずに、領土内に居住する全ての人間に平等な権利を与えることを要求する。そのような原則はドイツ基本法の第二〇条にもある。それでも、ドイツが欧州連合条約に基づいて欧州連合加盟国の国民（外国人）に与えている特権を長年ドイツに居住している非欧州系の外国人にはなぜ与えないかという問題提起は、強烈に道徳に訴える力をもっている。

ドイツの移民統合の理論は、外国人居住者に市民的、社会的権利は与えるが、政治的権利は与えないということである。移民の市民的、社会的権利が達成されたときには、政治的権利の問題が登場してくるのは当然である。ドイツでも、一九七五年頃になると、社会民主党と自由党が外国人に地方選挙投票権を与えようと唱えはじめた。ドイツ全国法律家協会は、八〇年のベルリン大会でこの運動を支持した。地方選挙で投票する権利は、憲法の民主主義の原理を成就するのに必要だという論理が使われた。

八九年には、シュレスイッヒ・ホルシュタインとハンブルグの両州が一定の条件のもとに外国人に地方選挙投票権を与える制度を導入した。直ちに、連邦下院のキリスト教民主同盟とキリスト教社会同盟がドイツ憲法裁判所に提訴した。両党の狙いは、シュレスイッヒ・ホルシュタインとハンブルグ両州だけでなく、同じような動きを見せていたベルリン、ブレーメン、北ライン・ウェストファリア州の動きを牽制することにあった。地方参政権の後には、連邦参政権が目標になるという危機感が働いたことはいうまでもない。

ドイツにおける外国人の参政権の問題は、地方参政権であっても、ドイツ国民国家の会員資格（市民権すなわち国籍）の意味を問い直すような本質的な論争だった。反対派は、ドイツ人だけが投票権をもつことを意味する（ドイツ基本法第二〇条（2）の「全ての国家権限は人々から発する」という規定は、ドイツ人だけが投票権をもつことを意味するものだと主張した。外国人の投票権を擁護する賛成派は、外国人の地方参政権はドイツ基本法の民主主義原則によって要求されている、連邦政治は性格において地方政治と違うので外国人を地方政治に参加させるべきである、外国人に地方参政権を与えることは彼等の統合に役立つという議論を展開した。

しかし、フランス革命以来、国民国家の民主主義といえども、市民という制度の枠組みのなかでのみ成立する制度だった。ドイツ憲法裁判所の判決（九〇年）は、ドイツ基本法第二〇条のいう「人々」は「ドイツの人々」を意味する、ドイツ基本法第二八条（2）の同質性の原則に鑑みるとき、「人々」の解釈は連邦、州、地方のあらゆるレベルで「ドイツの人々」を意味する、選挙参加はドイツ市民権を前提とすると考えるのが妥当である、と判決した。ドイツ憲法裁判所は「政治過程から排除されているドイツの事実上の移民に参政権を与えようとしている人々に敬意を表したい。しかし、それを可能にする唯一の方法は、ドイツの市民権の取得をもっと容易にするような国籍法の改正である」と補足している。ドイツ憲法裁判所は、ドイツの外国人政策の将来すすむべき方向をはっきり示したのである。ドイツのその後の発展は、帰化の条件を大幅に緩和する方向とドイツ市民権（国籍）の取得について出生地主義の原則を国籍法のなかに部分的に採用する方向に進んだのである。いずれの場合にも、二重国籍の保持を許す場合の条件を多少緩和する方向も含んでいた。

ドイツの市民権を外国人にとって閉鎖的で取得困難なものにしてきたのは、一九一三年の市民権法のよって立つ純粋な血統主義の原則であり、前述の「未完の国民国家ドイツ」という自画像である。しかし、ドイツの再統一と共産主義の崩壊以降、多数の民族的ドイツ人が故国帰還を果たしたので、外国人をドイツの国家と社会から排除する理由は亡くなった筈である（クリスチャン・ジョップケ教授）。

一九九〇年以降になると、ドイツで外国人排斥運動と外国人に対する暴力事件が目立ちはじめた。ドイツの有識者は、外国人が市民権を与えられずに国家と社会から排除されているがために多数者集団（ドイツ人）のなかの右翼勢力と不満分子が外国人を生け贄にしているという認識をもつようになった。ドイツで生まれ、ドイツ人のようにドイツ語を話し、ドイツしか知らない外国人の第二世代、第三世代が、ドイツ市民権もたずにドイツで成長していること、少数者集団として彼らが国家と社会から永久に排除されていることが異常だということにドイツ人が気がつきだしたのである。「外国人のようなドイツ人」（ソ連東欧諸国から故国ドイツに帰還して自動的にドイツ市民権を得た民族的ドイツ人）と「ドイツ人のような外国人」（ドイツで生まれ、ドイツ語しか話せず、ドイツしか知らない移民の新世代）が対照されるとき、民族の要素を重視するドイツ市民権のあり方のグロテスクさがいっそう目立ったのである。

一九七七年の帰化規則には、外国人をドイツ人化（帰化）したくないという考え方が顕著だった。外国人が帰化の形式的条件（一〇年の在住など）を満たしていても、国家に帰化を認めるかどうかの絶対的な自由裁量権があった。公益があるときにのみ、帰化が考慮され、帰化申請者のドイツ文化に対する基本的な態度が問題にされた。つまり、文化的な同化が帰化の絶対的な条件だったのである。

しかし、次第に変化が生まれた。八四年に内務省は移民第二世代第三世代の帰化手続きを緩和した。人口の規模としてもけっして小さくない移民コミュニティーが国民社会の外に存在するのは、国家として認めがたいというのが理由だった。九〇年の外国人法は一五年以上ドイツに在住する移民第一世代、八年以上在住する第二世代と第三世代に「一般原則としての帰化」を認めるにいたった。帰化申請者にとって不可能か非常に難しい場合には、帰化の条件として従前の国籍を放棄することを免除した。

九二年一二月の社会民主同盟とキリスト民主同盟の間の「亡命に関する妥協」は、前者が亡命関係法をもっと厳しくすることの見返りに、後者からドイツ市民権の条件を緩和する妥協を得たものだった。「一般原則としての帰化」は「権利としての帰化」に変わり、国家から帰化を拒否する裁量権が奪われている。七七年の帰化規則の鉄則であった国家の絶対的な自由裁量権とドイツ市民権付与の前提条件としての文化的同化が断念されたのである。この変化は、民族的文化的な要素を重視するドイツ国民の概念を変更させずにはすまない性格のものだった。

もう一つの障碍は、政府が二重市民権(二重国籍)を強烈に拒否していたことだった。二重国籍が認められれば、出生地主義の道が開かれ、ドイツの血統主義の体制に穴が開くことを意味したからである。ドイツ憲法裁判所も二重国籍には反対していたのである。しかし、九〇年代初頭以降に外国人に対する暴力事件が激化しだすと、二重国籍の権利を認めようとする動きは緑の党を超えて広がりだした。実は、緑の党は八四年に提案した居住法案で外国人に完全な政治的権利と二重国籍の権利を与えよと要求していたのである。

ドイツは、血統主義をとる欧州大陸諸国のなかでも、血統主義の原則を出生地主義の原則をもって補っていない唯一の国だった。八六年に社会民主党は第三世代の移民に出生地主義に基づいてドイツ市民権を与えること（ただし親の拒否権を認める）を提案した。九四年には、キリスト教民主同盟とキリスト教社会同盟が二重国籍を避けるような出生地主義を提案したのである。つまり、出生によって市民権を自動的に取得させる方式ではなくて、子供が一二歳になるまでに、親に市民権を申請させ、子供が他の市民権を放棄しないかぎり、一八歳の誕生日にその期限が切れるという方式だった。その後も、出生地主義を適用しようとする機運は、政治家の間に広がっていった。そのような動きに執拗に抵抗したのは、ババリアのキリスト教同盟とキリスト教社会同盟だった。

九九年五月に成立した改正国籍法は、血統主義を原則としながらも、出生地主義を部分的に導入したものであった。同法は、外国人の両親の間に生まれた子供は、両親のいずれかが子供の出生のときに少なくとも八年以上合法的な永住者としてドイツに滞在しかつ居住権をもっているかあるいは少なくとも三年間無条件の居住許可をもっていたことを条件にして、出生とともに自動的にドイツ人になる、と定める。このようにして、ドイツ市民権を取得しかつ両親の国籍を取得した者は、成年に達する前あるいは少なくとも二三歳の誕生日までに一つの国籍を選択しなければならない。しかし、他の国籍の離脱が不可能か合理的にみて難しいときには、二重国籍が認められる。

ドイツの多文化主義は、意図に反して移民が行われてしまったドイツの社会を多文化主義社会とみなすところから始まった。そして次に、そのような自己認識から規範的な要求を引き出していくという過程を通じて生まれたといってよい。それが意味するところは、伝統的なドイツの民族的な国民概念がドイツの国民国家を合法化する規範ではもはやないということである。それによってイメージされるドイツは、「民族的ドイツ人」と「トルコ系ドイツ人」が平和に共生するような多国民多文化国家として描写される政治コミュニティーである。そして、外国人（移民）にも市民権（国籍）が与えられるようになったドイツの多文化主義の次なる課題は、市民権を獲得できるようになった外国人にとって市民権の内容が実質を伴ったものになるような公の空間と市民社会の空間における人種差別の撤廃であろう。

7 フランスの多文化主義――挑戦を受ける同化主義

★ 伝統的な同化主義の三つの道具

フランス型の近代国民国家建設モデルは個人と集団の文化や民族を徹底的に無視することは前述した。フランス型の近代民主主義は、あくまでも政治的コミュニティーである。そこでは文化や民族の違いを超越した平等な市民の概念を中心にして物事が考えられる。あくまでも、市民である個人の自由、平等、博愛、福祉、進歩が重視されるのである。原則の問題として、民族的文化的集団の権利を認めない。公の空間で民族的少数者集団の文化を受容したりもしない。公立の教育はフランス語だけで行われ、多文化多言語教育に公共援助を与えたりすることもない。それだから、フランスは完全な同化主義の国だといわれてきた。フランスの政治社会制度は伝統的に移民をフランス人に変えてきた。それをシモーヌ・ボーボワールは「人はフランス人として生まれのではない。人はフランス人になる」と表現したことがある。

フランスの同化の道具は三つある（キャテリーヌ・オダール客員教授）。第一の道具は、高度に中央集権的なフランス国家である。国家は国民を創造し、強化するための道具と考えられている。そのような国民は市民的国民（シビック・ネイション）と呼ばれている。シビック・ネイションは抽象的な理念であって、意識的につくられなければならない。それは、歴史の過程で自然に生まれてくるコミュニティーであるところの民族的あるいは文化的なコミュニティーと違って、本来形成基盤が弱いものである。それだから、それを強化する道具として強い国家を必要とするのである。

第二の道具は、世俗主義（国家と公の空間を特定の宗教から解放すること）に立脚した完全無償、義務制の教育システムである。そのような教育システムは、民族的に文化的に言語的に違った各種の人口を同化し、市民的国民の強固な基礎を築くための最善の方法だとされている。フランスの教育の伝統は、個人的な経験よりも理論的思考、抽象的な知識、有能さに力点が置かれる。個人的経験は、多様性、異質性、アナーキーを教えるからである。シビック・ネイションでは、市民は文化の同質性を意味するのである。これに対して、英国のリベラルな教育の伝統は、個人と自己の文化を強調する。

第三の道具は世俗主義である。フランスで最も微妙な問題は、宗教的な平和の問題である。フランスでは、それは、国家と教会の分離を超えて、フランス社会をカトリシズムと蒙昧主義の束縛から解放するという積極的な世俗主義を意味してきた。

一九八六年以来、イスラム女子学生のスカーフ着用問題がフランス国内で大問題になったのはそのためである。イスラム女子学生が公立学校でスカーフを着用するのを許すかどうかの問題をめぐる事件は、最高裁（国務院）までいった。最高裁は、八九年にスカーフの着用が「赤裸々な布教を意味し、公の秩序を脅かすものでないかぎり、宗教的なシンボルは学校の世俗性に矛盾するものでない」と判示した。しかし、九四年にアルジェリアの宗教ゲリラの動きがフランス国内にも波及すると、フランス政府は、「誇示的な宗教シンボル」であるスカーフを学校で着用することを法によって禁止した。

★ 有色人種をフランス人にできない同化主義

フランスでは、外国人がフランス人化していく過程は、あくまでも個人の問題として理解される。外国人がゲットー化しながら集団としてフランス人化していくべきものだとは考えられていない。しかし、過去フランスの理想（モデル）と現実の間にギャップがあった。二〇世紀初頭以来、フランスは、国内の労働需要をまかなうために、移民を受け入れてきた。最初の移民はイタリア人とベルギー人だった。一九二〇年代にポーランド人、チェコ人、第二次大戦後はポルトガル人、そして六〇年代以降は北アフリカ（マグレブ諸国）のモスレムが移住してきた。第二次大戦以前の時代から、特定の外国の移民集団を特定の地域に導入するということが行われてきた。政府が特定の地域の労働力不足に対処するために移民を導入したからである。

その後、雇用者団体が特定の工場向けに直接移民労働者を導入できる制度もできた。それだから、移民集団がゲットー化するという現象は昔からあったことである。第二次大戦直後までは、移民はフランスの政治と社会に結構うまく統合されていた。仏共産党とその傘下の労働組合の政治的動員戦略が移民の政治的社会的統合に一役買っていたからである。というのは、国内の労働者と移民労働者は、同じ労働階級として同じ利益を共有しているという彼らの信念があったからである（ニューヨーク大学マーティン・シャイン教授）。

伝統的に、フランスでは国家が移民を人種のカテゴリーで考えるようなことはほとんどなかった。移民集団が利益集団化することもあまりなかった。しかし、六〇年代以降の新移民（有色人種移民）の時代になると、政党と官僚は、特に地方レベルでは移民の集団性と人種をいっそう意識するようになった。それにもかかわらず、フランス政府は同化モデルが公の政策であると公言し続けていた。政府、政党、官僚組織、労働組合のなかでは、移民は、フランスの市民権をもっていようがいまいが、非ヨーロッパ人移民のことを指していた。つまり、移民問題が人種問題に変化していったのである。

フランスで移民、外国人という場合、それは非白人（有色人種）を意味している。ヨーロッパ系の移民は同化可能であるが、非ヨーロッパ系の移民は同化不可能な危険な存在であるという認識が確立していったからである。同化不可能な非ヨーロッパ系の移民は、フランスで「吸収不能な離島」（六九年の経済社会審議会移民政策報告書）、つまりゲットーを形成するから歓迎されない、入国を許すとしてもせいぜい一時的な移民（帰国を絶対的な条件にされる外国人労働者）として居住させるべきだという意見が支配的になったのである。七〇年代以降に北アフリカ移民を母国に送還する国家援助計画が誕生したのは、フランス人の間のそのような意識変化を反映してのことだった。他の国の場合と同じで、フランスでも有色人種移民の第二の捌け口になったのは、家族呼び寄せ移民である。

現在のフランス社会も多様な国民、人種、民族、言語、宗教、文化の集団によって成り立っている多国民多民族多文化社会である。しかし、文化的に無色かつ同質的な平等の市民によって構成されるべきフランス国家という伝統的な自己イメージがあり、そのような自己イメージに固執するフランス人の立場からすれば、それを公に認めるわけにはいかない。しかし、フランスの国家も社会も市民も、現実問題として、移民と関係する都市ゲットー化、都市の犯罪暴力、社会的疎外、人種差別、失業貧困、教育（移民子弟の間の高いドロップアウト率）の問題に対処しなければならない。

それだから、公の発言（レトリック）にもかかわらず、政府、特に地方公共団体は、これらの問題を緩和するために、実質的には多文化主義的な政策措置を実施しているのである。つまり、それは移民を個人としてではなくて民族集団として取り扱う政策、個人と集団の文化の違いを考慮する政策に他ならない。外国人（移民）集団を自分たちのコミュニティーのなかに抱え込んでいる地方自治体の直面する問題は、常に具体的かつ切実で、即物的な対応を迫られる。

フランスの移民政策は、政権の座にある政党によって大きく揺れる傾向があった。八一年に社会党政権が誕生すると、移民排斥から移民集団の利益と民族性を認めるような政策へのシフトが起きた。移民の民族的組織の法的地位が明確になり、財政援助も受けられるようになった。それとともに、民族的組織が繁茂した。これらの組織は、政党、労働組合、中央と地方の政府と交渉するネットワークにもなった。中央政府が設置した「移民労働者のための社会行動基金」は、フランス国家が移民（有色人種）の問題に対応するための主要な道具になった。

八一年から八六年までの社会党政権の時代は、移民の社会統合モデルを摸索する努力が行われたときである。しかし八六年に中道右派政権ができると、フランス型モデル（共和国型同化モデル）に向かって逆揺れする現象が起きた。八一年夏のリヨンの都市暴動事件以降も、移民の集中地域で類似の事件が続発すると、左右を問わず、政府は移民の民族性に配慮した政策の必要をいっそう認識するようになった。移民も、彼らの属する国民、民族、宗教、宗派の違いに沿って行動する傾向を顕著にしていった。

九三年に「社会行動基金」は、①移民が本国との関係を維持するのを援助する、②移民集団がローカルなラジオ放送局を設置するのを支援する、③移民集団が移民の文化を理解するのを援助する、④移民の言語の使用を奨励するのを支援する、というラインを明確に打ち出した。

移民の来るべき本国送還に備えさせる措置（移民が本国送還されたときに、彼らが現地社会に円滑に適応できるようにあらかじめ準備しておく措置）というのは、多分言い過ぎである。というのは、九四年には、シモーヌ・ベーユが今後「社会行動基金」の財政援助を優先させる対象機関として、㈠移民の家族関係の安定を支援する組織、㈡移民女性の自立を支援する組織、㈢移民若年層がフランスの教育制度のなかで学び、フランスへ帰化するのを奨励するような組織、を挙げたからである。

それでも、フランス国家の同化モデルは依然として健全であり、一般の印象に反して意外に良く機能しているという見方も強い。いずれにしても、フランス政府の行き方は、文化の複数主義（モザイク型）を公に認めるような完全な多文化主義の範疇に属さない。しかし、フランス政府が民族的集団自体を認知し、それを直接の交渉の相手にしながら、支援をするような傾向が着実に進んでいることは確かである。それは明らかにフランスの伝統的な国民国家建設のモデル（文化の違いを無視する同化主義）に反することである。

第4章 結び——日本型モデルの摸索

同質性神話と民族国家哲学を放棄するとき

はじめに

まず最初に、日本に多文化主義的な生き方の必要なことを理解するために、筆者がこれまで論じてきたような意味の少数者集団と考えうる人たちにについて述べなければならない。無論、各集団の歴史も性格も大きくことなっており、全てを同じレベルで論ずることはできない。これらの人たちの多くは、日本の同質性神話と単一民族国家神話のなかに生きる日本社会において疎外・差別されて生きながら、否応なしに他者意識をもたされてきた人たちである。

そういう他者意識をもっている第一の集団は、アイヌの人たちである。過去、日本国家の抑圧的な同化政策の犠牲者となり、民族として衰退し、今日でも差別されている日本の先住民族である。一九九七年に「アイヌ新法」(アイヌ文化振興法)が制定されたが、同法の内容は、日本民族が過去アイヌ民族に対して加えた罪(抑圧、収奪、差別)に対する償いの要素を欠いており、今後も多文化主義的な償いが問題になりうるケースである。

第二の集団は、民族的にも文化的にも全く同じ日本人でありながら、日本社会の歴史的な職業貴賤意識から過去長年にわたって不当な抑圧と差別(同一民族内の差別)を受けてきた同和の人たちである。江戸幕藩時代につくられた「士・農・工・商」の政治的身分制度の外に置かれ、「穢多・非人」として差別された人たちである。一八七一年の解放令で非人道的な呼称が廃止されたにもかかわらず、新たに「新平民」という差別語が誕生した。これらの人たちは日本の歪んだ社会構造とその倒錯的な差別意識の犠牲者であり、特殊な社会的アイデンティティーのレッテルを貼られてきた。

戦後、政府は差別問題解決を国民的な課題として、一九六九年から九七年までの二六年間「同和対策事業特別措置法」、「地域改善対策特別措置法」、「地対財特法」の延長を含め五つの法律によって環境改善などの特別事業を実施してきた。これには国家と社会と国民が特定の集団に対して犯した過去の罪に対する補償措置という意味合いもある。この特別事業によって同和地区の環境改善などの物理的事業はかなり達成されたとされているが、差別意識の根絶はほど遠い。特別事業以降の法的な措置として「部落解放基本法」(「部落解放同盟」が提唱)、「人権基本法」(「全国自由同和会」などが提唱)を制定する構想などが提案されていたが、九七年に人権擁護のために「人権擁護施策推進法」(五年間の時限立法)が制定された。この法律は同和対策特別法以後の同和の問題を同和の人たちの人権擁護に重点シフトさせるためのものである。この法律は具体的な施策を実施するためのものでなく、新たに法務省のなかに設置される「人権擁護推進審議会」に人権侵害に対する救済について審議させるものである。

第三の集団は「特別永住者」の地位をもった在日韓国・朝鮮人、日本に帰化した韓国・朝鮮系日本人である。特別永住者は戦前日本国籍を保持していた旧植民地（朝鮮、台湾）の日本在住者であって、戦後平和条約によって日本国籍を失った後も引き続き日本に在住する者とその子孫である。特別永住者は法的には無論外国人であるが、実質的には、日本社会において日本国民（日本国籍保有者）でも外国人でもない中間の地位にある人たちと解していい。彼らは現在も差別され、日本社会において居場所の無さを感じている人たちである。問題解決のために多文化主義的な償いの視点からのアプローチも可能なケースである。

第四は、独自の文化とアイデンティティー意識と集団的記憶（歴史）を共有する沖縄の人たちである。多文化主義の精神により日本社会においてその文化とアイデンティティーの独自性はもっと承認され、尊重され、奨励されるべきである。

最後は、日本に生活している在日外国人の集団である。後述するように、日本の国家と社会における彼らの現在の地位と権利は不透明かつ不安定かつ差別されたもので、いろいろな問題を生んでいる。多文化主義の見地から一体性のある総合的な外国人政策・行政の確立が急務である。

以下、日本に住んでいる外国人の内訳を概観する。

一九九九年末現在、日本で生活する外国人（外国人登録者）の数は一五五万人六〇〇〇人である。

日本の総人口に占める割合は一・二三％である。全体的に増加の趨勢にある。地域別で見ると、アジア出身者が一一六万六四三人で全体の七四・六％、南米地域が二七万八二〇九人で一七・九％、北米が五万四八八二人で三・五％、ヨーロッパが四万一六五九人で二・七％、オセアニアが一万一一五九人で〇・七％、アフリカが七四五八人で〇・五％である。

国籍別では、韓国・朝鮮が六三万六五四八人（全体の四〇・九％）、中国が二九万四二〇一人（一八・九％）、ブラジル二二万四二九九人（一四・四％）、フィリピン一一万五六八五人（七・四％）、米国四万二八〇二人（二・八％）である。

在留資格別に見ると、永住者（特別永住者と一般永住者）が六三万五七一五人で全体の四〇％である。一般永住者（ニューカマー）が年々増加しているのに対して特別永住者は帰化などの理由により年々減少している。特別永住者は五二万二六七七人で、その内訳は韓国・朝鮮が五一万七七八七人、中国四二五二人、その他六三八人である。外国人登録者のうちの割合は三三・六％。一般永住者は一万三〇三八人で、中国三万七九六〇人、韓国・朝鮮二万八七六六人、その他四万六三二一人。非永住者が九二万三九八人で六〇％。永住者の九六・五％はアジア出身者である。

外国人（永住者、外交官などを除く合計六六万八〇〇〇人）の日本における就労の実態はどうか。九九年末現在、①「技術専門職」が一二万五七〇〇人（一八・八％）、②南米の日系人（八九年の入国管理法改正によって日系人のために設けられた「定住者」の在留資格）二二万五〇〇〇人（三三％）、③研修・技能実習生七万三〇〇〇人（一〇・五％）、④不法就労者（不法滞在者）二五万一七〇〇人（三七・七％）である。合法的就労者（前三者の合計）は全体の六二・三％である（『朝日新聞』一二月二四日）。技術専門職以外は単純労働に従事していると推定されるから、外国人単純労働者の数（上記②、③、④の合計）は、五四万二五〇〇人（八一・二％）である。

日本で生活する外国人がふえているなかで、草の根レベルにおける人種差別意識は改善されておらず、また国家と社会と個人のレベルにおける人権保護意識が希薄で、雇用市場、住宅市場における人種差別をはじめ外国人に対する人種差別が目立つ。外国人の人権保護の問題については、日本の国家と社会と国民の間にある一種の無感覚というか鈍感さが気になる。

外国人の社会保障の権利についても問題がある。特に、国民健康保険の加入資格を欠く不法就労者が緊急の治療を要するときにも治療費負担が重すぎ、容易に治療を受けられず、人道上の問題が生じている。治療費を払えない外国人が病院から逃亡するケースも頻発している。焦げついた医療費を県が負担するケースもあるが、人道的な見地からの制度の整備が急務である。不法滞在を理由に全てを拒否するという考え方は現在の世界の趨勢としてもはや通用しない。因みに一九九〇年に国連総会が採択した移民労働者保護条約（「全ての移民労働者とその家族の権利保護条約」）は、不法就労者（非正規就労者）の雇用防止に意を用いているが、不法就労者に対する緊急医療の保障、不法就労者の子供が教育を受ける権利を定めている。

外国人の子弟の教育問題にも問題が多い。例えば、民族学校（朝鮮学校など）に対する差別は改善されつつある（公的補助金、生徒に対する奨学金、通学定期、スポーツ大会への参加、民族学校の卒業生に受験資格を認める大学がふえてきているなど）が、日本の公立学校と比べたときの不利は目立つ。日本語理解に深刻な困難がある外国人子弟が全国で一万人以上いると報告されており、制度的な支援体制の整備が急務である。外国人子弟に対する学校における人種差別といじめが深刻な問題になっている。雇用市場における外国人および外国系日本人の子弟に対する差別も深刻である。不法就労者の子弟が入学を許可されないために起きる問題もある。外国人の高齢者介護の問題もある。外国人永住者のために地方公務員採用の道を開き、地方参政権を確保するために関係者の間で攻防が続いている。

アイヌ民族、同和の人々、韓国・朝鮮系日本人、在日韓国・朝鮮人（特別永住者）、その他の日本で生活している外国人の実態は、多文化主義の視点に立つとき、日本民族の「外に向かって開かれていない」生き方について多くの根本的な問題を提起している。以下テーマに従いながら、考えてみたい。

★「純粋な日本民族と日本文化」の嘘

多くの日本人は日本国民と日本社会の民族的、文化的な単一性と同質性の神話に生きている。しかし、島国に住む日本人は、大昔から外国の文化に憧れ、中国、朝鮮半島、南蛮ヨーロッパ、近代ヨーロッパ、戦後の米国の文化を喜んで摂取してきた。現代では、数千万という単位の日本人がグローバル化時代の文化的越境現象に参加している。日本古来の土着の文化があったとしても、現在の日本文化は外来文化との交渉を通じて誕生した複合文化である。日本の文化的な複合現象は永続的な過程である。日本民族の起源については、人種的にも民族的にも大陸民族と海洋民族と土着民族の混血人種だというのが通説のようであるが、古代には大陸から多くの帰化人が渡来している。他の多くの国と同じように、人種と民族と文化の複合は日本の基本的な性格である。日本の土壌の上で人種と民族と文化の複合が起きたがために、独自の文明の範疇とされる日本文明が誕生したのである。

「日本独自の民族」と「日本独自の文化」を語ることはできるが、「日本の民族の純粋性」も「日本文化の純粋性」も嘘である。そんなものの存在が主張されるとすれば、それは特定の狂気集団が特定の屈折した政治目的のために発明した偏狭な政治イデオロギーにしかすぎない。

文化人類学的には、文化（複数形の文化）は特定の人間集団の生活様式の総体を意味するが、そのような意味の現代の日本文化を考えると、日本文化は一枚岩のものではない。日本には先住民たるアイヌ民族の文化があり、日本に定着した朝鮮半島系の人たちの文化があり、独自の歴史をもつ沖縄文化があり、日本で生活している外国人の文化があり、日本人の文化も地方の間でも世代の間でも違っている。現代の日本の社会は、全国的に見て相当程度に、多人種的、多民族的、多文化的な要素をもっている。伝統的に我々の深層心理を支配してきた民族的文化的な単一性・同質性神話は日本社会の構造・機能原理（タテ構造、没個性的な団体主義、コンセンサス方式の意思決定、内〈自己〉と外〈他者〉の違いを強く意識する排他性と異質性排除）を支えている要素に違いない。

★　伝統的日本社会の活力の限界

現在の「日本社会の停滞」を感じている日本人は少なくない。もし、それが真実であるとしたら、その主要な原因は、単一性・同質性神話に支えられた日本の国家と社会と個人の機能の仕方が経済的、文化的、知的活力を奪っていることにあるであろう。つまり、日本の国家と社会と国民（民族的日本人）が多様性の価値をフルに認識できず、その利益配当に与っていないということである。グローバル化時代に米国が経済、科学技術、学術、文化の面で圧倒的な強さを見せているのは、世界のあらゆる人種、民族、文化に属する最も優秀な部類の人々を惹きつけ、受け入れ、彼らの能力をフルに開花させ、彼らをフルに吸収できる米国社会の開放的な魅力のせいであろう。

米国の現在の強さの秘訣はIT革命とDNA革命で先行したというような単なる特定産業セクターの成功物語ではない。二一世紀以降の日本の選択は、伝統的な外国文化輸入摂取型の生き方ではなくて、違った人種、民族、文化を国家と社会と国民自体のなかに受容していくような多文化主義的な生き方であろう。そのような多文化主義的な生き方をすることによってのみ、日本の国家と社会と個人は、経済的、社会的、知的な活力を飛躍的に強化できるのである。

単一性・同質性神話に拘れば、多文化主義に対する懸念は当然大きくなる。多文化主義が国家的統一と国民的連帯を脆弱にし、社会と国家のメンバーシップを外に向かって開放すれば、「好ましい外国人」の定住よりも「好ましくない外国人」の不法入国・不法滞在がふえて、都市部の外国人居住地域のゲットー化と外国人犯罪の激増を招き、居心地のいい同質的社会を劣化させるという心配である。そのような心配をする人々は欧米社会の現状のなかに「その確たる証拠」、そして日本社会の現状のなかに「その強い兆候」を見るかもしれない。そういう人たちは、外国人のために社会と国民資格を日本よりももっと広く開放してきた欧米社会で現在開花している知的創造力の活力と多文化社会の利益配当を過小に評価する嫌いがある。単一性・同質性神話のなかに浸り、「内なる我々」（自己）と「外なる彼ら」（他者）の対決の構図にはまり込んだ狭隘な世界観に生き続ける集団は早晩衰退を免れないのである。

★　社会の劣化――外国人統合政策の失敗の結果とみる

外国人居住者、特に外国人労働者の増加を社会の劣化と結びつける短絡的な意見はどこの国にもある。それは外国人単純労働者の導入に反対する大きな理由の一つになっている。仮にそうだと認めるにしても、専ら彼らの責任にせずに、国家と社会と国民が外国人をそのなかに統合する努力をしていないかあるいはそれに失敗している、国家と社会と国民の外国人に対する偏見と差別がある、国境警備・出入国管理体制に不備がある、ことに原因を求めるべきケースが圧倒に多い。欧米の移民と外国人労働者の歴史がそれを証明している。欧米の移民と外国人労働者の歴史は、社会の構成員であるにもかかわらず、国民生活の主流から排除されている外国人が彼らの責任でない社会の他の問題の生け贄にされる傾向のあることも証明している。

例えば、外国人労働者が従事している単純労働（三K）は国民が見向きもしない職種で、労働力の確保が深刻な問題になっているにもかかわらず、「外国人が国民の職を奪っている」と悪宣伝される傾向がある。一九九〇年代末になって、ドイツ社会の劣化の本当の原因（ドイツ社会に統合されずに社会的に疎外されている外国人、特にトルコ人を生け贄にする形のネオナチスの悪質な暴力事件の頻発）に気がついたときに、ドイツ人が外国人、特にトルコ人の統合に真剣に取り組み出したことには既にふれた。内務、警察、出入国管理関係の各当局、右派政党が「外国人即犯罪者」、「外国人の犯罪」のイメージを売り物にして、国家と社会と国民が共同して総合的に考えなければならない移民・外国人労働者問題の討論過程を乗っ取ってしまっている例も珍しくない。

第二次大戦後の西ヨーロッパ諸国の移民・外国人労働者政策の歴史を見るとき、移民・外国人労働者問題を専ら治安問題として理解しがちな内務、法務、治安警察、出入国管理系の官庁の移民・外国人労働者制限主義者の意見が優勢支配する傾向を観察することができる。移民制限主義者は国内社会と移民・外国人社会を別物とみなすような傾向も助長している。彼らの強い抵抗があったために外国人を国家と社会と国民のなかにフルに受容する外国人統合政策に行き着くまでにあまりにも多くの時間が費やされた。

移民に関わる世界は元々インチキの部分をもっている。それは入国を企てる人間と国境管理・出入国管理当局の間の知恵比べの世界でもある。だから、知恵比べに負ければ、不法入国も不法滞在もふえる。その理由のために、国家として国境沿岸警備と出入国管理体制に遺漏があってはならず、厳重な出入国管理審査のために善意の人々に多少迷惑がかかっても、仕方がないという面がある。書類審査にも限界がある。書類の真正を最初から疑ってかからなければならないケースもある。偽造文書がある。文書自体は真正であっても、記載内容が不実な書類が氾濫している。移民希望者の多い一部の国では、当局が少額の賄賂を対価に「記述内容の不実な真正な文書」をいとも簡単に発給することも珍しくない。しかし、入国管理に最新の科学技術研究の成果を駆使するとか、審査にもっと時間をかけることによって、問題の発生を最小限にすることは可能である。例えば、不正が多いとされる家族呼び寄せの審査にＤＮＡテストを導入するとかこの分野の欧米の先進国から学ぶことも多いはずである。

近代国家は国民のメンバーシップ（各国で国籍ないし市民権と呼ばれている）を基礎にして成り立っている。この原則は今も健在である。だから、国民と外国人の区別を廃止してしまうことはできない。

しかし、外国人にも人としての基本的人権が保障される時代である。また、人間としての尊厳には絶対的な配慮が必要とされる時代である。

厳重な国境警備と出入国管理の不可欠なことはいうまでもない。わが国における不法滞在者（不法残留者）と船舶航空機による不法入国者の問題は厳しい対処を必要としている。前者については、不法就労期間の長期化、不法就労者の地方拡散・小口化（一カ所で稼働する不法就労者の数の減少）、わが国に入国・在留する外国人および不法就労者の増加に伴い、日本社会における外国人の存在の珍しさが全国的に希薄となっていることによる情報提供の減少もあって、摘発が難しくなっていることが指摘されている。後者については、国際犯罪組織、組織的ブローカーが関与する悪質巧妙な事例（集団密航事件、旅券、外国人登録証明書などの偽変造、組織的な日系人偽装など）が目立っている。ということは、厳重な国境沿岸警備、出入国管理、治安維持のため有能な警察機能が不可欠なことを意味する。しかし、それにもかかわらず、肝心な点は、文化と人の越境するグローバル化時代の外国人政策は出入国管理以上のものであることである。

国内の外国人定住者の数がふえている日本は、統合的な外国人関係立法と行政を必要としているのである。それは統合的な基本立法と一元的な行政体制をもつことを意味する。外国人に関する立法と政策は、二一世紀の時代の趨勢を先取りするような国民国家と社会と国民のあるべき姿についての憲法ビジョンを要求するが、この点で現在の日本は明らかに乗り遅れている。また、日本に在住する外国人の七割がアジア地域出者であるので、日本における外国人の地位と取り扱いは「日本がアジアを見る目」を反映するものであり、「アジア諸国が日本を見る目」にも大きな影響を与えずにすまないのである。

★日本を「多文化社会」化する要因――危機的な人口動態

一九九八年末現在、日本の総人口（一億二六四八万六四三〇人）に占める「日本で生活している外国人」（一五一万二一一六人。外国人登録者ベース）は、一・二％で、総労働人口に占める外国人労働者の割合は〇・二％で、OECD諸国のなかで最低の数字である。東アジア諸国と日本との経済格差、各国の労働受給のアンバランスを背景にして就労を目的にして日本に入国しようとする外国人の数はふえ続けるだろう。日本側にも今後の人口動態が示唆する労働力の顕著な需給アンバランスの見通しのもとに外国人労働者の導入を積極的に考えていかざるをえない深刻な事情がある。

わが国は先進工業社会の間でも最も急速に人口の小子化と老齢化が進んでおり、それが日本経済の成長の足を引っ張り、社会的コストを押し上げることは必至である。国連などの調査によると、日本は二〇一五年頃には四人に一人、二一世紀半ばには三人に一人が六五歳以上になる。総人口は約一億二八〇〇万人のピークに達した後に減少に転じ、二一世紀半ばには一億人を切り、二一世紀末には半分まで減少すると予想されている（「二一世紀日本の構想懇談会」報告書、二〇〇〇年一月）。国連人口統計部の研究報告書（REPLACEMENT Immigration Study、二〇〇〇年）によると、日本が生産年齢人口を現在の水準に保つためには毎年六〇万人、その高齢者に対する比率を維持するためには毎年一〇〇〇万人の移民を導入しなければならない。

わが国の人口の小子化と老齢化の問題は真剣な対処を必要としているが、過剰な危機感をもつ必要もない。この問題は、①国家と地方公共団体の出産奨励策（第三子以上には特別児童手当の支給、所得税控除、住宅取得関連税額控除、学費の減免、公営住宅への優先入居制度など）、②労働力として女性と健康で働ける生産的高齢者の大規模な雇用参画を促すような抜本的な制度的見直し、③モノとサービスの生産のコンピューター化とロボット化のいっそうの推進、④勤務形態の多様化の推進、を組み合わせることによってまだ相当緩和できる余地が残されている。

★　単純労働者の正式な導入と移民の正式な受け入れを検討するとき

それ以上に、外国人単純労働者の正式な導入と移民の正式な導入を実施する時期にきている。一九六〇年代後半以降の高度経済成長の時代に経営者団体が外国人労働者の受け入れを要請したことがある。しかし、六七年に日本政府は外国人労働者を受け入れない方針を確認している。しかし、八八年にも労働省は「第六次雇用対策基本計画」で外国人単純労働者を認めない方針を明確にしている。二〇〇〇年三月、法務省は「第二次出入国管理基本計画」のなかで「専門技術分野の外国人労働者の積極的な受け入れ」と「研修制度・技能研修制度の適正かつ円滑な推進と一層の充実」を語っているが、「短絡的な移民受け入れ」や「広範囲にわたる多数の外国人の受け入れ」を否定して、あくまでも「現行諸制度の積極的な活用」に留めている。政府の公の声明は「外国人単純労働者は導入しない政策」に拘っている。

諸外国においても単純労働分野に外国人労働者（単純労働者）を受け入れるのを拒否する理由づけにされるのは、①自国民に忌避され、専ら外国人労働者が働く単純分野が特定されてくる、そして国内労働市場の明確な二分極化と二階層化が生じる、安価で豊富な外国人労働者の導入に頼ると産業構造の合理化と技術革新を阻害する、②外国人の定住化が進むと、教育、住宅、医療などの社会的コストが上昇し、政府の財政負担が増大する、③犯罪の増加と治安の悪化、学校の授業水準の低下、疲弊した外国人居住者集中地域（ゲットー）の出現、自国民との文化的摩擦が発生し、社会の調和と平和が乱れる、などである。

基本計画の慎重すぎる内容は、不法入国、不法滞在、犯罪増加の問題に重点を置きすぎる傾向のある行政組織の立場を考えれば理解できないわけではない。基本計画の内容は、日本に五〇万人以上の外国人単純労働者が存在する、彼らが日本経済によって必要とされている、彼らなしには日本経済の特定セクターは成り立たない、という冷酷な現実をあくまでも無視しようとしている。「日本は外国人単純労働者を導入しない。日本には外国人単純労動者は存在しない」という神話をひたすら信じようとしているかのようである。

「研修制度・技能実習制度」が「技術移転による国際貢献」であるというのは名ばかりで、外国人単純労働者導入計画の何物でもなく、生き続けるために労働力確保に奔走しなければならないわが国の中小・零細企業のために無くてはならない労働力供給源なのである。八九年の入国管理法改正で設置された在留資格「定住者」で入国し、就労する南米の日系人の子孫も同じである。不法就労者集団も「日本人から職を奪う」どころか、日本経済を支える重要な労働力の供給源という役割を担わされている。外国人労働者側に外国に出稼ぎに行かなければならない理由はあるが、日本の企業の側にも、彼らの労働力を積極的に求めなければならない切実な事情があるのである。わが国においてこのような現実認識がきちんとなされなければならない。というのは、それがわが国の外国人労働者をめぐる全ての問題に対する基本的な姿勢に決定的な影響を与えるからである。

かかる現実認識があるときには、身を隠し苦労しながら、厳しい労働条件のなかで「不法就労」をして、本国の貧しい家族に仕送りをしている外国人労働者を、明らかにわが国の法律に違反しているとはいえ、例えば麻薬犯罪者や窃盗・強盗犯と同じレベルで追及することは心情的にできないであろう。ヒューマニズムの感情が働くからである。野菜を輸送するコンテナー・トラックに詰め込まれ、ドーバー海峡を渡って英国に密入国しようとした中国人五八名が二名を残して全員灼熱のコンテナーのなかで死亡しているのが発見されるという悲惨な事件が二〇〇〇年に起きたが、英国当局は人道的な温情から生き残った二名を即座に移民として英国定住を認めた。特殊な状況で密入国した二名の不法入国者と巨大な数にのぼる密入国者一般の問題は一緒にならないことはいうまでもない。しかし、就労の法律違反は普遍的な悪（罪）という範疇の法律違反ではない。違法行為を追認するのは心情的に難しい。不法入国者、不法滞在者に一般的な恩赦を与えることも心情的には難しい。しかし、家族、特に子供をもうけ、日本の社会に定着している者については、救済措置が必要である。法務大臣の裁量でなされる「特別在留許可」の適用条件を緩和すべきである。不法に占有された資産にも時効が成立するのである。

諸外国の例も参考にして（ドイツは一九七三年の外国人労働者導入停止以降一定の枠組みのなかで外国と二国間協定を結び外国人労働者受け入れる新制度を導入した）一定の厳格な枠組みのなかで外国人単純労働者の受け入れ制度を明確な形で正式に発足させることが物事をすっきりさせる。それは不法滞在、不法入国の道を完全に根絶しはしないが（現代では、それは鎖国をしても不可能なことである）、その圧力と誘因を緩和することに役立つであろう。単純労働者の導入と国境警備・入国管理・国内の警察の取締の強化と組み合わせることである。

『『二一世紀日本の構想』懇談会」（座長河合隼雄）の報告書「二一世紀の日本の構想――日本のフロンティアは日本にある――自治と協治で築く新世紀」が段階的な「移民政策」の実施を提言しているのが注目される。筆者も一定の移民制度の導入に賛成である。政策導入の利点と必要性があるし、日本が貧しかったときに同胞を移民として受け入れた諸国に感謝する「恩返し」という意味もある。

移民に踏み切るべきといっても、米国、カナダ、豪州のような「移民国家」になるというわけではなく、一定の立法的、政策的な枠組みと移民割り当ての規模と抑制された段階的なペースをもって移民を受け入れることを検討することである。在留資格を操作するだけの既存の出入国管理政策の枠内の「就労目的の外国人の受け入れの円滑化」（法務省「第二次出入国管理計画」）では、中長期的に日本の社会が直面する深刻な人的資源の絶対的な不足に対応できない。「出稼ぎ」計画を促進しても、優秀な外国人労働力を確保できないのである。魅力のある先進工業国移民国家と競争できないからである。

研修制度と技能実施制度が外国人単純労働者導入計画の隠れ蓑になっていることは既に指摘したが、九三年に実施された両制度（当初の対象職種一七）は研修によって一定の水準以上の技術・技能・知識を習得した者の成績を評価したうえ、現場で技術実習させるものである。技術実習は性格は雇用関係であり、労働法令の適用を受ける。期間は研修期間もふくめ最長三年である。九一年に設置された財団法人「国際協力研修機構」が制度運営の中心になっている。資格は高校卒以上で、対象職種は当初一七職種であったが、業界の要望を入れて次第に拡大され、現在（二〇〇〇年三月）は畜産農業、水産加工、鋳造、溶接、板金、縫製など五九職種である。九九年の研修の在留資格の外国人登録者は二万六六三〇名で、中国人が一万六一〇一名（六〇・五%）、インドネシア人三六三六名（一三・六%）、フィリピン人二〇三七名（六・一%）である。

仮に研修・技能実習制度が額面どおりの国際貢献（研修生・実習生が本国に帰り、本国の経済社会発展に貢献する云々）のためのものであると認めるにしても、研修生・実習生個人のレベルで考えると、全く事情は違うのかもしれない。つまり、研修生は圧倒的に外国において自分の能力を活かし、外国に永住しながら、自分の人生設計をすることを夢見ているに違いない。明治時代に欧米に派遣された日本のエリートのように、外国で学び、日本に帰り、自国の発展のために尽くしたいと本気で考える若者の多い時代ではない。グローバル化時代には、人々の国家に対する忠誠心というものが基本的に変化している。国家が国民に全面的な忠誠心を指令できない時代なのである。国民は自分が属する国家よりももっと大切なものをもっていて、それを優先させるかも知れない。グローバル化時代は、経済と文化と人が自由に越境する時代である。

越境人間は自分が法的に属する国家に対しもはや全面的な忠誠心をもてないのである。というのは、自分の国家と社会が人々の能力に対して与える機会と対価と充足感が十分でないことが多いからである。外国に暮らしている人々は、自分あるいは両親の生まれた国に愛着心をもつが、それは自己のアイデンティティーの源としての出身国の文明や文化に対するものであっても、国民国家に対する愛着心や忠誠心ではない。他方で、現在住んでいる国の社会と文化に同化しようとする気持ちも少なくなっている。それでも、長期間あるいは一、二世代にわたって外国に住むことによって、人々は移住先の現地文化を吸収していき、新たな文化とアイデンティティーを追加するのである。

それが現在の越境人間（移住者など）の普通の生き方である。「一時的な出稼ぎ」を認めるだけの在住資格（外国人労働者の地位）では、彼らを最終的には納得させせない。欧米諸国で出稼ぎ労働者や外国人労働者が居つき、永住する「移民」と化していった過去の過程から教訓を学ぶべきである。情報技術専門家、科学者、技師、介護者、看護婦（士）、医師といった専門技術職の外国人労働者は、先進工業国が競って募集している分野の人的資源である。人口の小子化・高齢化に危機を感じている西欧諸国も、情報技術者などの不足に悩み、最近になって七〇年代初頭以降の「移民禁止政策」を見直している。特定分野の専門技術職の不足に悩む米国も門戸を拡げている。外国人専門技術労働者の世界は現在「供給者市場」に変化している。

例えば、インドは資質の高いインテリが多く、海外移住希望者の多い国であるが、彼らが移住先を決めるときのポイントは、①移住を希望する国が与える在留資格（永住権）、②自分が専門とする技術において移住先が世界で最先端をいく国であるかどうか、③移住先の社会と国民の魅力と歓迎姿勢、特に人種差別感情の程度、④移住先の言語（英語圏が圧倒的に有利）、⑤住宅をはじめとする生活コスト、⑥子供の教育環境の善し悪し（特に世界的に通用する有名大学が多い国が好まれている。この意味では、米国が断然有利）など、である。

稼げる給与水準のウエートは相対的に低下している。その意味では、インド人をはじめ専門技術職の移住希望者にとって米国は移住先として圧倒的な魅力をもっている。彼らのなかには移住先で成功すると、米国で蓄積した資金と技術を使ってインドでベンチャー・ビジネスを始める者も以前の時代と比べると多くなっているが、それは「一時的な里帰り」程度のことで、最終的な帰国を意味しない。というのは、彼らは生活の基本ベースはあくまでも移住先に残されているからである。わが国としても、専門技術分野の外国人労働者の受け入れをめぐる国際競争に勝ち抜き、優秀な外国人人材を確保するには、最終的には永住権の付与を前提とした正式な移住を考えなければならない。それに留まらず、第一級の専門技術職の外国人を惹きつけるには、日本の国家と社会と国民が外国人にとって「もっと魅力のあるもの」にならなければならないのである。

★　多様性の活力を活かす

日本の社会と国民の単一性・同質性神話を信じつづける人々は、日本社会が欧米社会で発生している「外国人問題」（人種対立、外国人排斥、外国人に対する暴力、都市の一部の人種的ゲットー化、犯罪増加と治安悪化、社会的コストの上昇など）から免れている、あるいは少なくとも日本の「外国人問題」は欧米ほどには危機的ではないと自己満足を感じているかもしれない。これらの人々は欧米諸国の外国人労働者問題の経験を日本にとっての反面教師として理解しようとする。そのような立場に立てば、国内に外国人労働者を受け入れる場合のマイナス面ばかりが強調されがちになる。

しかし、欧米諸国が多文化主義の道を歩んだ苦悩に満ちた経験からもっとプラス面を学ぶ必要がある。一つは、多文化主義あるいは多文化社会が強力な社会的、経済的、文化的、知的創造力を生み出すことである。そのような視点に立つときには、ＯＥＣＤ諸国のなかで最も「多文化社会」化の過程が遅れている日本が不利な条件に置かれていて、国際競争に敗れ、社会的な衰退を余儀なくされる運命にあるという見方もできる。確かに現在、日本の社会は成長の限界を感じ、創造力と活力とダイナミズムを失いつつある観がある。日本の現在の状況は長期的な経済不況の次元だけでは説明できない面をもっている。

そうだとすれば、現在の日本社会の状況は「同質的な社会」のもつプラス面よりもマイナス面というものをいっそう浮き彫りにしているとみることもできる。もともと、単一の文化から社会的、経済的、文化的、知的活力を求めつづけるのは不可能なことである。特に変化と進歩のスピードが速い現在のグローバル化時代には、競争の雰囲気のなかの多文化的な基盤から創造力と活力とダイナミズムを求めなければならない。いろいろな専門分野の人々の共同研究のなかから独創的な発明・発見が生まれるように多様性は独創力の源泉である。現在の多国籍化した企業にとって多文化主義は経営戦略の基本であるべきであるが、その面でも日本企業は立ち遅れている（拙著『地球化時代の国際政治経済』中公新書、参照）。正式な外国人移民をある程度受け入れることによって日本社会の多文化社会化の過程を促すことが必要なのはそのためである。

日本の国際化の必要性が叫ばれるようになってから久しいが、最早日本人が国際化を学ぶだけでは足りないような気がする。つまり、「日本人の国際化」に「日本国民の概念の国際化」という意味合いをもたせる必要がある。もっと具体的に言えば、日本民族や日本文化の要素を重視しすぎる日本国民国家の哲学を修正する生き方が我々に必要なのである。それは日本国家のメンバーシップである日本国民（国籍あるいは市民権）の概念を民族的、文化的な概念から解放して市民的国民の概念に変え、「日本は日本民族を国民とする国民国家である」と考えるような時代錯誤の国民国家哲学から我々日本人を解放していくことである。

現に帰化の制度があり、日本に帰化した外国人の出身国は多様であり、日本国家のメンバーシップは日本民族であるというのは理論的にも現実的にも間違いである。外国人が帰化して日本国籍を取得した後に、身体的特徴や文化の違いのために外国人と思うような我々であることを止めるのである。つまり、韓国系日本人、インド系日本人、フィリピン系日本人、イラン系日本人、アフリカ系日本人などという言葉を耳にしても、また日本人の間にこれらの非日本民族系日本人の数がふえても、民族的日本人が違和感も意心地の悪さも感じなくなるような日本型の多文化社会の形成が望まれるのである。

単純労働者が不足したときに、一九八九年に入国管理法の改正を行って南米の日系人のために「在住者」という在留資格を与え、日本での就労を認める措置がとられた。民族の要素を重視すぎるときには、「外国人のような日本人」（例えば南米の日系人の子孫）を「日本人のような外国人」（例えば特別永住者の在日韓国・朝鮮人）よりも優遇するような不可解な政策が生まれる危惧がある。

例えば、韓国系日本人という場合、それが多文化主義の立場から意味するのは次のようなことである。

第一に、「民族的日本人」と全く同一の権利義務をもつ韓国系日本人を形式においても実質においても完全平等な日本国民として日本の国民生活の主流になかに受容しなければならない。

第二に、韓国文化を背景にしている彼らの民族的、文化的なアイデンティティーを認め、尊敬し、彼らがそれを市民社会の空間でも公の空間でも自由に表現するのを認めなければならない。日本国籍を取得する条件として文化的な同化（アイデンティティーである韓国姓や韓国文化の放棄）が要求されないような多文化主義の時代に我々は生きているのである。多文化社会では「郷に入れば郷に従う」の原則も少数者集団の権利と願望を不当に制限するかぎりにおいて修正されなければならない。もっとも公序良俗に反する場合は別である。韓国系日本人が公の空間で彼らの文化的、民族的アイデンティティーを表現するのを認めるというのは、例えば、国公立の学校に通う韓国系日本人の女子学生が学校の統一された制服（セーラー服）を着ることを強要されずに韓国文化の要素を取り入れたチョゴリ方式のセーラー服の着用を認めることである。学校の制服規則に反するという理由で、生徒を退学させるようなことは違法とする。

第三に、韓国系日本人に対する人種偏見と人種差別は言語同断である。直接的な形にせよ、間接的な形にせよ、人種差別が行われたときには、提訴され、憲法と法律によって断固として処罰されるべきである。人種差別という悪の問題は市民社会の良識だけに任せておくことはできない。法律によって担保される制裁が不可欠である。

前述のとおり、特に日本は国家のレベルでも社会のレベルでも国民のレベルでも、差別と人権の問題に対する「無感覚」と「無神経さ」が問題にされうる。国家に対する長年の激しい闘争の過程を通じて血を流しながら人権を勝ちとってきたという歴史的な土壌がなく、欧米で達成された歴史的成果を借用しているにすぎないこともある。また、多文化社会のなかに生きることがなかったために人権と人種差別の問題に対する感受性が十分滋養されていないこともある。電柱に「空き部屋あり。ただし、外人はお断り」、銭湯の入り口のドアーに「外人お断り」と書いたあからさまな人種偏見の貼り紙があるのには唖然とする。こうした貼り紙をする人たちは、彼らなりに切実な事情があってのことで、人種差別をしているという自己認識にも欠ける「普通の人」であることが多い。

現在、日本には一五〇万人以上の外国人が暮らしている。非日本民族系日本国民も少なくない。多数者集団（日本民族）によって長い間差別され抑圧されてきた先住民であるアイヌの人々、日本の社会のなかで民族内差別という非人道的で極悪な抑圧を受けてきた同和の人々、過酷な植民地支配に服し、人種的差別と侮辱を受けてきた朝鮮半島系の人々がいる。だから、わが国においても多文化主義というものが立法面でも政策面でも既にとっくに確立していなければならないはずのものである。外国人問題では、「ドイツに学ぶべき」という声を日本で聞く。それは「一時的な外国人労働者として招いた外国人労働者（特にトルコ人）がドイツに居つき、外国人が町に溢れ、昔は綺麗だったドイツの町が汚くなって、治安も悪化して、犯罪もふえた、だから外国人単純労働者を導入することには慎重でなければならない」ということかも知れない。前述したとおり、ドイツは、日本と同じように、伝統的にドイツの国籍（市民権）の付与について血統主義をとってきた。また、日本と同じように、ドイツは伝統的に自己の民族と文化の要素を重視する国民国家の概念をもっている。だから、ドイツに学ぶことは多いということであろう。

しかし、第3章で見たとおり、ドイツは一九九九年の新国籍法で伝統的な純粋型の血統主義を出生地主義で補う法改正を行った。新しい制度のもとでは、親の一人が一定の期間ドイツに適法に居住していることを条件にして、外国人の両親からドイツで生まれた子供は出生とともに自動的にドイツ人になる。帰化についても、ドイツの法律は「国家の権利としての帰化」（帰化を許すかどうかは国家の絶対的な自由裁量行為）という考え方から「個人の権利としての帰化」（条件が認められれば自動的かつ迅速に帰化ができる）という考え方に転換した。ドイツはドイツ法上の二重国籍の禁止が外国人のドイツ帰化を妨げていることを考慮して、前の国籍の離脱が非常に困難な場合あるいは不可能な場合の二重国籍の保持が許されるように例外規定の範囲を拡げた。

これに対して、日本の国籍法には、帰化を国家の自由裁量とみなすような恩寵主義が濃厚にでている。例えば、国籍法（第五条）は「法務大臣は次の条件を備える外国人でなければ、その帰化を許可することができない」と定め、国家が絶対的な裁量権を握っている。日本の場合、法律上、帰化による日本国籍取得には、五年以上の居住、二〇歳以上で法的な責任能力を有すること、善良な素行、生計能力、従前の国籍放棄などが必要とされている。行政上の運用では日本語の読み書きの能力、日本社会に適用できる生活様式であるかどうかが問題にされるという。そして、履歴書、国家の安全秩序を害せず、法を順守する旨の誓約書、生計能力を証明する「生計概要書」などの提出を求められ、素行と生計能力の調査のために帰化の申請から取得までに一年程度の期間がかかる。もっとも、二〇〇〇年一二月に、政府与党（自民、公明、保守の三党）はプロジェクトチームを設置して、在日韓国・朝鮮人を中心とした特別永住者の帰化の要件と手続きの簡素化（申請期間の短縮を含む）を再検討することを決めた。

日本がドイツから学ぶことができるのは、時代錯誤になった民族を重視しすぎる国民国家の哲学を修正していく方向においてである。

民族を重視しすぎる国民国家哲学の最大の犠牲者は特別永住者の地位に甘んじている在日韓国・朝鮮人である。制度的に帰化の道は開かれており、現に帰化をしている人も少なくないが、日本で生まれ育ち、日本で生活している在日韓国・朝鮮人の二世、三世までをも外国人として日本の社会から排除している現状はグロテスクというほかない。多くの在日韓国・朝鮮人の若年層が悩んでいるアイデンティティーの危機に対して日本の国家と社会と国民はもっと繊細な感受性を示すべきである。彼らは日本で本名を名乗ると差別され、友人を失うのではないかと恐れている。韓国に行けば、「お前は日本人だ」と言われて排除を感じる。生まれ育ち知っている国は日本だけであるのに日本と韓国の狭間で居場所の無さと孤独感を感じている。日本の制度のもとで在日韓国・朝鮮人は永久に再生産される被差別少数者集団と化しているのである。そして永久の少数者集団として自己（少数者集団）と他者（多数者集団の日本人）の構図の枠のなかにはまり、多数者集団に対する「集団的記憶」（過酷な植民地支配）にとりつかれ、多数者集団（日本人）の烙印行為と人種差別に苦悩している。

外国人の社会的統合は政府の命令によって達成できる性格の問題ではなく、社会と国民の成熟した感受性を必要とする。しかし、それでも日本社会において外国人に正当な地位を与え、彼らの人権と人間としての尊厳を保障し、彼らの国籍（市民権）取得の道を大きくする開放的な国家の制度と政策は外国人の社会的統合に最大のインパクトを与えるものである。その意味で、帰化の要件の緩和と手続きの簡素化以上に、日本でも少なくともドイツと同じ程度に出生地主義を一部導入することを提案したい。在日韓国・朝鮮人の苦難に満ちた過去の経験を教訓として、部分的にではあるが、外国人に出生による日本国籍取得の道を開くのである。

つまり、外国人の両親から日本で生まれた子供は、両親のひとりが日本に一定期間以上合法的に定住したことを条件に、出生とともに自動的に日本人にする（出生地主義）、出生とともに両親のいずれかの国籍も取得した場合には、成年に達したときに一つの国籍を選ばせる、という方式である。無論、日本で生まれたことにより外国人に自動的に日本国籍を与えるのは、外国人のアイデンティティーを侮辱するものだという議論はあるであろう。しかし、そういう議論は多くの場合、我々の手によって差別され、侮辱されてきた人たちの長年の感情が発露されたものであろう。まさに日本社会のなかにそういう感情をもたざるをえないような集団を再びつくらないために我々は多文化主義的な思考を滋養しなければならないのである。

★　外国人の地方公務員任用と地方参政権付与――外国人をもっと簡単に日本国民にする道の選択

日本国憲法、国家公務員法、地方公務員法は、公務員の採用は日本国籍の保有者を条件とすることを明示的に規定していないが、政府は「当然の法理」として公権力の行使または国民（住民）の意思形成にあたる国家公務員または地方公務員は日本国籍の保有者に限るとしている。この考えのもとでは、国籍条項による受験拒否が起き、また仮に採用されても一定以上の昇進が許されないことになる。外国人の地方公務員採用の問題は特に日本の学校を卒業した在日韓国・朝鮮人の問題（彼らの職業選択の自由の制限と就職差別）をめぐって議論されてきた。地方自治体が外国人をどれだけ採用しているかについては在日韓国青年団および自治労の調査がある。これによると、外国人に地方公務員になる道を全面開放している一五五市（都道府県と政令指定市は含まれていない）、原則開放（一般事務職をはじめとする大半の職種での受験を許可する）しているのは、川崎市が九六年に先鞭をつけ、翌九七年に神奈川、高知の両県、横浜、大阪、神戸市が続いた。全く開放していないのは一四五市である。

外国籍の住民のために自治体首長と地方公共団体の議会の選挙権、被選挙権を要求する運動が在日韓国・朝鮮人を中心に広がっている。一九九三年に岸和田市議会が定住外国人に地方参政権を付与することを国に要求する決議を採択したのを皮切りに、既に全国で一二〇〇以上の地方議会で同様な決議が採択されている。大阪府、福井県、神奈川県では訴訟が起こされ、最高裁までいった（下記参照）。

現在、外国人永住者に地方参政権を付与する法案が大きな議論を呼んでいるが、この種の問題は国民的な議論を要する課題であり、歓迎されるところである。賛成派の意見にも反対派の意見にも一応のもっともらしさがある。

賛成派の議論は次のように整理できる。

(1) 過去の植民地支配に対する償いとして特別永住者に地方参政権を与えるべきである。この場合、その他の永住者はいわば反射利益として特別永住者のための特別措置の利益に均霑する

(2) 納税義務の対価として地方選挙権を与えるべきである。

(3) 民主主義の住民自治の原則は外国人にも地方参政権を与えることを要求する。国と地方自治体は違っており、地方では外国人を含めた住民の自治が要請される。

(4) 外国人に地方参政権を与えれば、外国人の地域社会への統合を促す効果をもつ。

(5) 諸外国でも外国人在住者に無条件あるいは相互主義の条件のもとに地方参政権を与えている。

反対派の議論は次のように整理できる。

(1) 外国人にいかなるものであれ参政権を与えることは憲法上認められない。

(2) 部分的にせよ、外国人にいったん地方選挙権を与えれば、最終的には全面的な国政参加権を求めてくるに決まっている。

(3) 地方行政と国政は一本の線でつながっているので両者は不可分である。外国人に地方参政権を与えれば、国家の安全保障など国家の政策に悪い影響がでてくる。国家の機密保持にも問題が生じる。

(4) 法案を押す政党や政治家の政治的思惑によって事態が推移しているのは承服しかねる。韓国政府や在日韓国人グループの利益に奉仕しようとする政治ロビーの顧客政治が背後に働いている。

(5) 帰化要件の緩和によって対処すべきで、外国人に参政権を付与するのはあまりにも短絡的なアプローチである。

この問題を外国人の地方参政権問題のレベルだけで議論するのでは不十分であると筆者は考えている。というのは、この問題は日本社会における外国人の地位をどうするかというより根本的な全体問題に関係しているからである。根源的には、日本の国民国家の将来のあるべき姿をどのように理解するかという問題にも関係している。前述したように筆者は民族的、文化的な要素を重視しすぎる日本の国民国家哲学を根本的に見直すべきで、国民国家と国民の概念を定義し直す原点から出発して、問題を解決すべきだと考えている。「外国人に地方参政権を与えるのではなくて、むしろ日本国籍を取得するというアプローチを重視すべきだ」という議論もある。筆者もその方が法理論的にはすっきりしていると考える。問題は、独自の保守的な民族的国民国家哲学に支配されている現行制度とその運用のもとでは、簡単には日本国民にはなれないことである。その意味で帰化の概念そのものを根本的に変え、抜本的に帰化の要件の緩和と申請手続きの簡素化を行うことが必要である。

民族と血と文化の要素を重視しすぎる我々の民族的国民国家哲学に修正を加えて「外国人が日本国民になる間口をもっと広くする」のである。つまり、それはドイツ流に国籍の取得について血統主義を部分的に出生地主義をもって補うことである。帰化の要件がいかに抜本的に緩和されても、外国人の両親の間に日本で生まれた子供は親の一人が日本に帰化しないかぎり、二〇歳まで外国人として生きなければならないからである。根本的な問題をきちんと解決しないと次々に問題が出てくるにちがいない。地方参政権のあとには国政参加権の要求が続くであろう。

外国人に参政権を付与したら、「政治コミュニティーとしての国民国家はいったい何であろうか」という当然の問いかけが生まれてくる。歴史的に政治コミュニティーとしての近代国民国家は、固有の領土と固有の国民（市民）と固有の国益を土台にして成立しているのである。国民国家は「国家に属する国民（市民）」（自己）と「国家に属さない外国人」（他者）を区別しないと成り立たない。

フランス革命以来、市民的な権利（自由権）と社会的権利は外国人にも与えられてきた。市民的な権利は国民（市民）であることを条件とせずに「人であること」に基づいて与えられてきた。社会福祉の権利をはじめとする社会的権利は、国家の領土内に居住し、コミュニティーの一部を構成しているという事実に基づいて国民にも外国人にも与えられてきた（領土原則）。伝統的に政治的権利は国家のメンバーシップをもつ者（国民すなわち市民）だけに留保されてきた。

国民国家を衰退させているといわれるグローバル化時代になっても国民国家のこの基本的枠組みだけは依然として健在である。欧州連合加盟国をはじめ政治統合をめざしている一部の国民国家はこの基本的枠組みを修正しようとしている。そうでなくとも、全面的なものであれ、部分的なものであれ、外国人に地方参政権を付与した国はいくつかある。

筆者としては法理論的にすっきりしたアプローチを選択したい。つまり、国民国家の枠組みを維持したまま、「外国人が日本国民になる間口を広くする」（帰化を簡単にすることおよび出生地主義の部分的な導入を組み合わせる）によって外国人の参政権の問題を解決するのである。先進工業国の間で純粋な血統主義と帰化だけで国籍（市民権）を決めているのは多分日本だけであろう。アングロサクソン系の諸国（米国、カナダ、英国、豪州）は全面的な出生地主義プラス帰化の方式、欧州大陸諸国は血統主義プラス部分的出生地主義プラス帰化の方式を採用している。

わが国においては地方参政権の問題は過去日本の植民地支配の犠牲になった特別永住者（主に在日韓国・朝鮮人）に対する償いという面がある。特別永住者の第二世代第三世代までをも日本社会から排除する制度を何とかしなければならない。現在の制度が続くかぎり、「日本人のような外国人」「日本人のような被差別少数者集団」である特別永住者は世代を重ねていくのである。純粋な血統主義によって、日本の国籍を取得する道が、外国人特に特別永住者の子供に完全に開かれていないのが問題である。

定住外国人に地方自治体選挙における選挙権を与えていない地方自治法（第一一条、第一八条）、公職選挙法（第九条二項）が公務員の選定罷免権を定めた憲法（第一五条一項）、地方公共団体の長、議員などの直接選挙を定めた憲法（第九三条二項）に違反するかどうかが争われた事件で、最高裁判所は一九九五年に「現行法制は憲法違反ではないが、法律で地方公共団体の選挙権を与える措置を講ずることが憲法上禁止されているわけではない」と判示した。前述したように外国人に地方参政権を与えることの可否が問題になった事件で、ドイツ憲法裁判所は八九年、「外国人に地方参政権を与えることを可能にする唯一の道は、ドイツの国籍の取得をもっと容易にする国籍法の改正である」と判示している。憲法裁判所が明確にした将来の立法政策の方向に従って、九九年に出生地主義を部分的に導入した国籍法の改正が成立したのである。

外国人居住者が地域社会の構成員であることを重視するコミュニティー主義のアプローチもあるが、国籍法（市民権法）を手直しするアプローチの方がわかりやすいことは確かであろう。筆者はドイツ的な生き方が正攻法であり、より妥当だと考えている。

「日本で生まれ、日本で教育を受け、日本人のように日本語を話し、日本しか知らない」特別永住者の二世三世のことを考えるとき、日本の選択肢もドイツ流に外国人をもっと簡単に日本国民にする道でなければならない。日本が血統主義を出生地主義でもって補う時がきたのである。日本が現在直面する外国人の地方参政権の問題は日本が旧弊な民族の血を重視する国民国家哲学を考え直して、二一世紀の新しい国家ビジョンを描く歴史的な好機となりうるのである。

結び――日本型モデルのための教訓

これまでの検討で明らかになった諸点を結論として要約すれば次のとおりである。

第一に、多文化主義は不利で弱い立場にある少数者集団の利益のために実施される公の政策措置である。多文化主義は少数者集団利益指向の視座から国家を眺めることを求める。

第二に、多文化主義は先住民を含む少数者集団に対して加えられてきた過去の差別、収奪、抑圧あるいは不正義に対する償いであるという面をもっている。その影響が今日まで及んでいて、少数者集団が社会構造的な不利な状況にあるときには、彼らの社会的地位を向上させ、国民生活の主流に参加するのを奨励するための逆差別優遇措置が必要になるケースもある。国家が、文化の意味を狭く解釈してしまうことによって、少数者集団が収奪された土地の権利を彼らに回復する問題あるいは彼らが生活基盤の保障を受ける権利の問題を避けて通る可能性がある。多文化主義でいう文化はコミュニティーの生活様式の総体であり、それはコミュニティーの生活空間としての土地を含むものである。

第三に、多数者集団がつくりだした非人道的かつ差別的な社会構造から生まれた、あるいは彼らの少数者集団に対する烙印行為から生まれた「社会的アイデンティティー」を背負わされているコミュニティー（例えばインドの不可触民）の場合には、少数者集団のアイデンティティーを尊重し、保護するという多文化主義の方式は機能しない。多文化主義は差別の禁止と彼らの社会的地位の向上のための施策を中心にしなければならない。

第四に、多文化主義というものは、最低限の機能として人種差別およびその他の理由による差別を攻撃の対象にしなければ意味がない。

第五に、先住民に対するものを含め過去の不正義と差別に対する償い、現在の人種差別に対処する問題を除けば、欧米諸国の多文化主義は、リベラル民主主義の寛容の精神の枠内で少数者集団が国民生活の主流に参加するのを奨励するために国家が少数者集団の文化に対して示すべき寛容と承認と奨励である。

第五に、多文化主義は諸々のコミュニティーの文化とアイデンティティーを相互に承認し、受容し、尊重しながら、平和的に共存していく国家と社会と個人（国民と外国人）の多文化共生の実践規範である。

第六に、どこの国の多文化主義も真空のなかで生まれた理想や哲学ではなく、いずれも少数者集団に加えられた過去の罪（差別と抑圧）に対する多数者集団の歴史的反省に立った未来志向の生き方である。

わが国には、先住民（アイヌの人々）に対する不正義と差別と収奪の歴史がある。アイヌの人々との関係においては、日本の多文化主義はアイヌの人々に対する謝罪と償いと将来に向けてのアイヌ民族のための生活基盤保障とアイヌ文化保存のための奨励措置を意味する。多数者集団（日本民族）とアイヌの人々の間の和解は終わっていない。前述のようにアイヌ新法は問題の一部（アイヌ文化の保存と奨励）にしか対処していない。

在日韓国・朝鮮人との関係においては、わが国の多文化主義は、加害者としての多数者集団（日本人）と被害者としての少数者集団（在日韓国・朝鮮人）の間の集団的記憶の問題に適正に対処して、最終的な和解を達成すること、日本国内において公の政策として彼らの文化とアイデンティティーを承認し、尊敬し、受容し、積極的に奨励することを含まなければならない。日本国内の韓国・朝鮮系国民、在日韓国・朝鮮人に対する国家と社会と国民の態度はわが国と朝鮮半島との関係に直接影響を与えるものである。

同和の人たちとの関係では、多文化主義はこれらの人たちに対する従来からの特別措置の問題と差別の根絶と人権尊重が中心の問題である。過去の特別措置が環境改善という面で一応の成果を上げたと判断されるのであれば、今後の国家的課題は後者の問題にもっと決定的な重点を置くことにあろう。

日本で生活している特別永住者以外の外国人との関係においては、外国人の人権と文化とアイデンティティーの違いを認め、尊重する必要がある。我々は日本社会においていかなる人種差別をも許してはならず、人種差別禁止は市民社会の良識に頼るだけでは不十分であり、最終的には法律による制裁をもって担保される必要がある。外国人労働者・移民の導入、外国人の法的地位（外国人の享受する権利・便益および彼らに課される義務）、外国人の日本国籍取得、外国人の日本における生活を暮らしやすくするための行政サービス、外国人の宗教的習俗、文化の違いを認め、受容し、尊重し、そのために外国人を一定の範囲で法令上の義務から免除することなどの問題は全て多文化主義的なアプローチを必要とする。多文化主義は二一世紀の日本の国家と社会と国民の「あるべき姿」(ビジョン)を問題にせずにはすまない。

前述したように、わが国は単純労働職と専門技術職の両方をカバーする外国人労働者の導入を本音と建前を使い分けるような姑息な制度によらずに正面切った形で行う必要がある。また一定の枠組のなかでかつ抑制されたペースで正式な移民を受け入れることを真剣に検討する時期にきている。

大量の移民あるいは外国人労働者を受け入れてきた欧米各国の歴史的な経験は我々にいくつかのことを教える。

第一に、外国人労働者あるいは移民の問題を一部の利益集団と政治ロビーの顧客政治の独擅《せん》場にしてはならない。この問題は国民世論から隔離された空間で政治家や官僚組織や審議会だけで決定すべき性格のものではない。国民世論を確かめ、国民的な公開論議を尽くした後に処理されなければならない。外国人労働者あるいは移民の導入がもたらす社会的コストを最終的に負担するのは国民であるからである。

第二に、米国などと違って、日本には多文化主義的な運動が社会のなかに自然に広がっていく土壌はまだない。そのために、好むと好まざるとを問わず、政府と地方公共団体の役割が重要になる。政府は人権擁護について現行法制度維持型であり、日本政府の人権保護の姿勢に対する国際社会の評価はけっして満足できるものではない。

米国やドイツの裁判所と違い、最高裁判所以下日本の裁判所は完全に立法府(実定法)追従主義で、現代世界の普遍的な法的理念と価値観に導かれながら、司法積極主義のもとに外国人労働者や移民の権利を積極的に擁護していく姿勢と勇気を欠き、その役割にあまり期待できそうにない。市民団体の間にも、人権擁護の面での日本の裁判所の過去の姿勢と役割に対する幻滅感が既にかなり浸透していて、それに期待する気持ちは少なく、裁判所を避ける傾向さえみえる。

そして裁判所に行くよりも、国連をはじめとする国際機関や国際的に有力な非政府機関に訴えたり、世界的なマスメディアを意識した路上でのデモ行為を行うことの効果をもっと信じているふしがある。むしろ期待できるのは地方自治団体と啓蒙された市民団体の役割である。いずれにしても、政府が多文化主義の導入についてイニシアティブをとるときには、国民各層を相手にするようなコミュニケーション政策が重要である。というのは彼らを納得させるような政策でなければ意味がないからである。

第三に、国会の審議をはじめ、議論は知的な冷静さを必要とする。外国人労働者と移民の問題を主要な争点にして選挙を戦ったり、外国人問題を政党間の政争の道具にするのは政治を下劣で無責任な煽動政治に堕落させる恐れがあるから、政治の良識によって絶対避ける必要がある。

第四に、外国人労働者と移民の問題は、統合的な政策アプローチと一元的な行政組織を必要とする。既存の縦割りの行政官庁の一つを主務官庁にするようなアプローチは問題が多い。国家、社会、国民、外国人社会、国際社会の声を公平に聞く耳をもち、総合的な判断を下すことを可能にするように首相または内閣直属の独立の行政組織にすることが妥当である。他方、住民たる外国人の社会的統合は地域社会レベルで行われる。だから、国家としての一元的な政策管理は不可欠であるが、地方自治団体に対する大幅な権限移譲も不可欠である。地方レベルでは、地方自治体に置かれている外国人住民の合議体（「外国人代表者会議」）、市民組織、民族系連絡組織への諮問、業務委託が重要である。

外国人代表者会議は九六年に川崎市が設置したのを皮切りに東京都、神奈川県も設置している。自治体によって会議の性格に若干の違いはあるが、基本的には外国人住民からの意見・提言に耳を傾け、それを参考にして外国人行政を行おうとする趣旨である。人々を統治する行政は人々に直近の場所で行うという補完性の原則（Subsidiary Principle）は外国人行政にとっても重要な原理である。

最後に、日本の国家と社会と国民が多文化主義的な複眼思考をもっと滋養できる教育が必要とされる。我々は国内的にも対外的にも常に多文化主義の精神で物事を考え、行動する必要がある。国際社会の規制と監視は強い。前述したように国連と専門機関は、少数者集団、先住民、移民労働者とその家族、難民の権利保護、人種差別禁止、児童の権利保護、拷問禁止をはじめ広範囲の分野で規範づくりと監視活動を行っている。これらの分野の条約の多くは加盟国に国内の条約実施状況を条約に定める国際委員会に報告させる制度（「国家報告制度」）をもっている。加盟国の報告書（「人権報告書」）は当然の傾向として現状肯定的な自己弁護が基調になっているが、政府報告書の内容を信用しない人権分野のＮＧＯが独自の対抗報告書を作成し、政府報告書を審議する条約機関に提出するということが行われている。ＮＧＯの対抗報告書には条約の根拠は当然ないが、有力なＮＧＯの報告者は政府報告書の審議過程で大きな影響力をもつ。日本のＮＧＯの有力機関としてアムネスティー・インターナショナル日本支部、日本弁護士連合会、自由人権協会などが知られている

国際レジームは条約・宣言などの形をとっているが、条約が法的強制力をもつことは無論、宣言・報告書などのもつ道徳的な力を無視できない。人権擁護分野のＮＧＯの監視・摘発活動も世界的に広

がっている。社会の少数者集団に対する日本の国家と社会と国民の姿勢は国際社会に生きるそれぞれのイメージにもろに影響する。そして、少しでも問題があれば、国際社会における我々の威信を浸食し、我々の発言力と説得力を強烈に制約するのである。少数者集団、先住民、女性、児童、移民・外国人労働者など弱い立場にある人々に対する差別と抑圧と非人道的な扱いは、他の問題と違って、憤りと嫌悪と非難が発散する道徳的な力が特に強烈なのである。

なお、日本が未批准・未署名の人権擁護分野の国際条約は二〇〇件以上ある。人権保護分野では日本は消極的な態度に終始しているという国際的評価が定着している。国際人権センターで問題にされることも少なくない。日本が批准していない主な条約は「アパルトヘイト禁止条約」、「死刑禁止条約」（以上国連）、「労働時間条約」、「差別待遇禁止条約」（以上ＩＬＯ）、「教育における差別禁止条約」（ユネスコ）などである。日本は九六年になってやっと人種差別撤廃条約（六八年発効、九八年現在一五〇カ国が当事国）に加入したが、いくつかの留保をつけている。差別などの煽動を法律で処罰することを要求している条約の規定（第四条）が日本国憲法の規定（思想・信条、集会・結社および表現の自由）に反する可能性があるとの判断、国内の法体制・実施状況に問題がある（アイヌ、同和問題に関連）などを理由にした留保である。九〇年に国連総会が採択した移住労働者権利条約（「全ての移住労働者とその家族の権利保護に関する条約」、未発効）には、日本は米英独などとともに未だ署名していない。条約の批准状況も国際社会における国家と社会と国民のイメージに影響すること無論である。

二〇〇〇年九月六日から八日まで国連本部において国連加盟国一八九カ国のうちの一八五カ国（うち一四四カ国の代表が政府首脳）が参加して開かれた「ミレニアム・サミット」の「ミレニアム宣言」

が二一世紀の基本的価値観である寛容について述べた部分を引用して、本書の結びとしたい。

人類は信仰、文化および言語の全ての多様性において相互を尊重しなければならない。社会のなかの相違および社会の間の相違を畏れてはならず、抑圧してはならず、人類の貴重な資産としなければならない。平和の文化と全ての文明間の対話は積極的に推進されなければならない。

あとがき

近年、わが国においてもマスコミなどで「多文化主義」、「多文化共生」という言葉が頻繁に使われている。この用語はレトリックとして流行語になっている観もある。本書はわが国における多文化主義一般についての理解を深めることに少しでもお役に立てばと思い、学生と一般知識人を対象とした入門書として書かれたものである。

従来、欧米では、多文化主義は社会学、政治学、社会（文化）人類学、歴史学を中心とした学問領域とされてきた。というのは、多文化主義は人類、文化、社会、国民国家、国際社会を語るからである。多文化共生学というべき学問領域があるとすれば、それは社会（文化）人類学、社会学、政治学、政治哲学、歴史学、憲法学、国際関係論などにまたがる非常に広範囲の学際的な分野である。

外交官にすぎない筆者が敢えてこのテーマに取り組んだのは、過去四〇年間の外交官生活を通じて、人種、民族、部族、文化（文化人類学的な複数形の文化で特定の人間集団の生活様式の総体を意味）、移民、カースト、人種差別、社会的排除、コミュナリズムの問題に非常に大きな関心をもって勉強してきたからである。

この本を書くにあたって、仮に筆者に何らかの強みがあったとすれば、過去四〇年間の間に英国（連合王国）、スイス、ブラジル（二回）、米国（二回）、カナダ、インド（二回）という多文化、多民族、多言語、多宗教、多国民国家に在勤することができ、そこで実際に生活しながら、異なった文化とコミュニティーとアイデンティティーの交渉、敵対、衝突、紛争、攻防、複合、折衷、混淆という諸々の現象をつぶさに観察できたことだと思う。特に、現在勤務しているインドは、多文化、多言語、多民族、多部族、多宗教、人類史上最も精緻な差別構造であるカースト制度をもち、世界でも最も強烈なタテとヨコの多様性をもった国民国家である。また、本省で豪州、国連専門機関、欧州連合（EU）を主管する課で勤務した経験も本書の執筆に役立った。これらの国々の政治、経済、社会、国際関係を観察し、分析し、評価する仕事は、多文化主義的な複眼思考、文化相対主義的な思考を要求した。文化相対主義的な世界観をもっていないと外交官はつとまらない。例えば現在、毎日インドを観察しながら、社会学、文化人類学、比較宗教学、歴史学の展望をもたないインドの政治経済社会の分析は無意味なことを痛感する。

多文化主義的経験に満ちた過去の在外勤務経験をベースにして、本書を書く構想を暖めだしたのは、ハワイの東西センターで客員上席研究員（一九九二〜九四年）をしていたときに、コロンビア大学のテオドール・バリー教授の「多文化主義カリキュラム」に関するゼミナールに参加したときだった。同教授とゼミナールに参加していた文化的背景を異にした多くの学者・研究者から欧米の多文化主義の思潮と現状についての理論的な知識を得ることができたのは幸いだった。

多文化主義は「米国の多文化主義」、「カナダの多文化主義」、「英国の多文化主義」というように国を特定しないと意味がなくなるという面がある。というのは、多文化主義の問題は勝れて各国の歴史・社会特定的な問題であるからである。それでも、各国の問題を分析するときには、道具としての理論的な枠組みは不可欠である。それを提供するのは、国民国家が構築されたときの政治イデオロギーと歴史的な経験則、特にそのように構築された国民国家の実際の機能の仕方についての歴史的考察である。現在の多文化主義の思想的潮流は近代性、進歩、国民国家などという支配的な多数者集団（中央部）中心の概念を非支配的な少数者集団（周辺部）の視座から眺め直すことにある。

本書を執筆するに際しては、筆者としては多文化主義を考えるときに必要な思考の基本的枠組みと基本的な言語（語彙）をできるかぎり平明に紹介するように努めながら、多文化主義一般の解説に重点を置いた。今後読者が多文化主義と多文化共生の諸々の問題を深く掘り下げていかれるときに、本書が少しでも参考になれば筆者の目的は達成されたと思う。

日本の問題にも歯に衣着せずの感じで言及した。過去日本の国家と社会と国民（日本民族）の同化政策と差別と抑圧の犠牲になった少数者集団に対する「償い」（必ずしも金銭的な補償だけではない）の意を含め、わが国においても、国の政策としての多文化主義は、既に実践されて然《しか》るべき、というのが筆者の持論である。世界の多文化社会で暮らしてきた筆者とって、少数者集団（在日外国人をふくむ）および難民の人権、彼らに対する人種的社会的差別・排除の問題についての我々同胞（特に草の根のレベル）の「多文化主義的な人権意識の後進性」に正直にいっていささか驚きもしている次第である。

なお、最後になったが、本書の出版に際して格別のご好意をいただいた日本経済評論社の栗原哲也社長、および編集全般でお世話になった出版部の宮野芳一氏はじめ皆様方に心から感謝申し上げる。

二〇〇一年三月

賀来　弓月

1990.

【邦文文献】

賀来弓月『地球化時代の国際政治経済——情報通信化革命と運輸革命の衝撃』中公新書，1995年。

賀来弓月『インド現代史——独立50年の検証』中公新書，1998年。

梶田孝道『新しい民族問題——EC統合とエスニシティー』中公新書，1993年。

竹田いさみ『物語オーストラリアの歴史—多文化ミドルパワーの実験』中公新書，2000年。

法務省「第二次出入国管理基本計画」2000年3月。

「21世紀日本の構想」懇談会（小渕恵三首相依嘱）『21世紀日本の構想——日本のフロンティアは日本の中にある——自立と協治で築く新世紀』2000年1月。

警察庁『警察白書』（平成11年版）。

外務省「条約集」。

「外国人永住者の参政権に関する世論調査」『産経新聞』2000年5月30日。

「外国人永住者の参政権に関する世論調査」『毎日新聞』2000年10月2日。

「外国人永住者の参政権に関する読者アンケート」『週刊文春』2000年10月26日。

平凡社『大百科事典』昭和11年，『国民百科事典』1961年。

Press, 1998.

D. Miller, *On Nationalism*, Oxford University Press, 1995.

M. Moor (ed), *National Self-Determination and Secession*, Oxford University Press, 1998.

A. Nand et al, *Creating a Nationality*, Oxford University Press, 1995.

B. C. Nirmal, *The Right to Self-Determination in International Law*, Deep & Deep, 1999.

J. Rawls, *A Theory of Justice*, Harvard University Press, 1971.

E. J. B. Rose, *Colour and Citizenship*, Oxford University Press, 1969.

J. Rosenau et.al (eds), *Governance Without Government–Order and Change in World Politics*, Cambridge University Press, 1992.

Turbulence in World Politics–a Theory of Change and Continuity, Princeton University Press, 1990.

E. W. Said, *Orientalism–Western Conceptions of The Orient*, Penguin, 1995.

D. L. Sheth et al, *Minority Identities and Nation–State*, Oxford University Press, 1999.

S. Sassen, *Losing Control*, Columbia University Press, 1996.

D. Schnapper, *L'Europe des Immigres*, Editions Francois Bourin, 1992.

A. Schlesinger, *The Disuniting of America*, W. W. Norton, 1992.

Lord Swan, *Education For All*, Hmsa, 1985.

C. Taylor, *Multiculturalism and The Politics of Difference*, Princeton University Press, 1992.

E. Todd, *Les Destin Des Immigres–Assimilation et Segregation Dans Les Democraties Occidentales*, Seuil, 1994.

T. Todorov, *On Human Diversity*, Harvard University Press, 1993.

United Nations, Reports of Commission on Human Rights.

A. Watson, *The Evolution of Society*, Routledge, 1992.

World Bank, *World Bank Report–Knowledge For Development*, Oxford University Press, 1998/99.

I. M. Young, *Justice and The Politics of Difference*, Princeton University Press,

N. Glazer et al (eds), *Ethnicity, Theory and Experience*, Harvard University Press, 1975.

N. Glazer, *Affirmative Discrimination*, Harvard University Press, 1987.

The Government of Australia, *Multiculturalism for a New Century–Towards Inclusiveness*, National Multicultural Council, 1999.

The Government of Canada, *Policy and Legislative Framework, Canadian Multiculturalism Act, 1988. Annual Reports on The Operation of The Canadian Multiculturalism Act, 1996/97, 1997/198, 1999/99.*

The Government of Germany, *Legal Texts–Nationality Law Code–No.790QG1616*.

L. Greenfeld, *Nationalism–Five Roads to Modernity*, Harvard University Press, 1992.

R. Grillo, *Pluralism and The Politics of Difference*, Oxford University Press, 1998.

T. Hammar, *European Immigration Policy–Comparative Studty*, Cambridge University Press, 1985.

S. P. Huntington, *The Clash of Civilizations and The Remaking of World Order*, Penguin, 1996

The Clash of Civilizations? Foreign Affairs (1993, vol.72 no.1).

C. Joppke, *Immigration and The Nation–State–The United States, Germany and Great Britain*, Oxford University Press, 1999.

C. Joppke (ed), *Challenge to The Nation–State–Immigration in Western Europe and The United States*, Oxford University Press, 1998.

C. Joppke et al (eds), *Nationalism,* Blackwell, 1960.

E. Kedourie, *Nationalism*, Blackwell, 1993.

W Kymilicka (eds), *The Rights of Minority Rights*, Oxford University Press, 1995.

S. Lukes (eds), *Multicultural Questions*, Oxford University Press, 1999.

G. Mahajan, *Identities and Rights–Aspects of Liberal Democracy in India*, Oxford University Press, 1998.

G. Mahajan (eds), *Democracy, Difference & Social Justice*, Oxford University

参考文献

本書の執筆に際しては,主に下記の文献を参照した。

【外国語文献】

B. Andersen, *Imagined Communities*, Uerso Books, 1983.

J. Baylis & S. Smith, *The Globalization of World Politics*, Oxford University Press, 1997.

R. Bhargava et al (eds), *Multiculturalism, Liberalism and Democracy*, Oxford University Press, 1998.

J. Bowker, *The Oxford Dictionary of World Religions*, Oxford University Press, 1997.

R. Brubaker, *Citizenship and Nationality in France and Germany*, Harvard University Press, 1992.

R. Brubaker et al (eds), *Immigration and the Politics of Citizenship in Western Europe*, University Press of America, 1989.

H. Bull, *The Anarchical Society*, Macmillan, 1977.

The Economist, *Survey of the United States*, March 11, 2000.

A. Favell, *Philosophies of Integration–Immigration and The Idea of Citizenship in France and Britain*, St. Martin Press, 1998.

F. Fukuyama, *The End of History and The Last Man*, The Free Press, 1992.

The End Of History?, The National Interest (summer/1989).

C. Geertz, *The Interpretation of Cultures*, Basic Books, 1973.

P. R. Ghadhi, *International Human Rights Documents,* Universal Law Publishing, 1999.

N. Glazer, *We are All Multiculturalists*, Harvard University Press, 1997.

著者略歴

賀来《かく》　弓月《ゆづき》

1939年生まれ．

1960年，名古屋大学法学部在学中に外交官上級試験に合格．

1961年外務省入省，オックスフォード大学修士課程に留学（国際関係論，国際法，EC法専攻）．在英大使館，在ジュネーブ代表部，在ブラジル大使館，在ニューヨーク総領事館勤務を経て，外務省経済局国際経済第一課長，在デンマーク大使館参事官，防衛庁防衛研究所，在伊大使館公使，国際農業開発基金（IFAD）日本政府代表理事，在ブラジル大使館公使，在ウイニペッグ総領事，在米大使館公使，東西センター（米議会設置シンクタンク）客員上席研究員兼所長特別顧問（1992～94年），在マドラス（チェンナイ）総領事などを歴任．現在，在ボンベイ（ムンバイ）総領事．

著書『地球化時代の国際政治経済』（中公新書，1995年）
『インド現代史』（中公新書，1998年）
『死別の悲しみを癒す本』（PHP研究所，2000年）

内なるものと外なるものを――多文化時代の日本社会

2001年5月1日　第1刷発行

定価（本体1800円＋税）

著　者　賀　来　弓　月
発行者　栗　原　哲　也

発行所　株式会社日本経済評論社
〒101-0051　東京都千代田区神田神保町3-2
電話03-3230-1661　FAX03-3265-2993
E-mail：nikkeihyo@ma4.justnet.ne.jp
URL：http://www.nikkeihyo.co.jp

装幀・大貫デザイン事務所
版下・ワニプラン　印刷・平河工業社　製本・協栄製本

落丁本乱丁本はお取替えいたします．　Printed in Japan

ISBN 4-8188-1348-6